مركز القانون العربي والإسلامي
Centre de droit arabe et musulman
Zentrum für arabisches und islamisches Recht
Centro di diritto arabo e musulmano
Centre of Arab and Islamic Law

CASAMIENTOS
MIXTOS CON MUSULMANES
Caso de Suiza
(con modelo de contrato en seis lenguas)

Sami A. Aldeeb Abu-Sahlieh

Traducción
Carolina Sandra Monzón

Este libro puede ser adquirido cerca del editor
www.amazon.com
Segunda edición, 2012

Centro de derecho árabe y musulmán
Fundado en el mayo de 2009, El Centro ofrece consultas jurídicas, conferencias, traducciones, investigaciones y cursos que conciernen al derecho árabe y musulmán, y las relaciones entre los Musulmanes y Occidente. Por otra parte, permite bajar gratuitamente de mi sitio web www.sami-aldeeb.com una buena parte de los escritos.

El autor
Sami A. Aldeeb Abu-Sahlieh: Cristiano, de origen palestino. Ciudadano suizo. Doctor en derecho. Capacitado para dirigir las investigaciones (HDR). Profesor de universidades (CNU-Francia). Responsable del derecho árabe y musulmán en el Instituto suizo de derecho comparado (1980-2009). Profesor visitante en varias universidades de Suiza, Italia y Francia. Director del Centro de derecho árabe y musulmán. Autor de varios libraos y una traducción del Corán en inglés, francés e italiano.

Ediciones
Centre de droit arabe et musulman
Ochettaz 17
Ch-1025 St-Sulpice
Teléfono fijo: 0041 [0]21 6916585
Teléfono portátil: 0041 [0]78 9246196
Sitio: www.sami-aldeeb.com
Email: sami.aldeeb@yahoo.fr

Índice

Introducción

El casamiento es un contrato particular acabado entre dos personas consintientes y decididas a hacer un camino en común, en principio para toda la vida. No es solamente un contrato de derecho privado. La declaración de los esposos delante del oficial del estado civil da pie al nacimiento, en virtud de la ley, de una institución jurídica que obedece a reglas propias y que escapa ampliamente a la libre disposición de los esposos.

Todo casamiento comprende su lote de problemas, sea cual fuere la nacionalidad o la religión de los "cónyuges". Para evitar al máximo las dificultades, es indispensable que los futuros esposos estén bien informados antes del casamiento a fin de que:

- sepan claramente cuáles son sus derechos y sus deberes respectivos
- acepten libremente asumirlos con conocimiento de causa y de buena fe

El deber de informarse en vista de una aceptación libre del otro es esencial para cada pareja, pero es más difícil realizarlo cuando los dos futuros cónyuges pertenecen a dos culturas diferentes. Por ello, es importante que se tomen el tiempo necesario para reflexionar individualmente, juntos y con una persona de confianza, a fin de llegar a un entendimiento común antes del casamiento.

Cierto, una estadía del cónyuge suizo en el país del otro antes del casamiento puede ser útil, incluso recomendado. Pero los problemas jurídicos y las costumbres locales no siempre se perciben fácilmente, sobre todo cuando no se conoce ni la lengua ni las leyes y cuando encima se está enamorado. La finalidad de este texto es, entonces, llamar la atención de los futuros cónyuges sobre ciertas normas jurídicas y costumbres sociales que pueden encontrarse entre los musulmanes y que difieren de aquellas conocidas en Suiza.

Este documento pretende ser simple, a mano de todos. No pretende abarcar los problemas del conjunto de los países musulmanes. Sólo desea señalar los problemas más frecuentes que se manifiestan en casi todos esos países. Los interesados pueden dirigirse al Centro de derecho árabe y musulmán (www.sami-aldeeb.com) para informaciones más amplias sobre el país del cónyuge musulmán. Al final, se encuentra un modelo de contrato de casamiento en seis lenguas: francés, alemán, italiano, inglés, árabe y español.

Capítulo 1.
El contrato de casamiento:
¡Pónganse de acuerdo por escrito!

Cuando un suizo y una suiza se casan saben que en caso de litigio, serán sometidos a normas comunes fijadas por el Código civil. En algunos ámbitos, sobre todo en lo concerniente a relaciones financieras (el "régimen matrimonial"), el legislador suizo les deja, sin embargo, la posibilidad de elegir entre diferentes opciones y exige, para eso, el establecimiento de un documento escrito delante de un escribano llamado "contrato de casamiento". A falta de este escrito, se supone que la pareja ha elegido el llamado régimen "legal" de la participación del adquirido (artículo 181 del Código civil suizo), fijado por el legislador. Por lo tanto, los dos cónyuges no se sienten en la obligación de arreglar todo, puesto que el legislador lo hace por ellos.

La situación es diferente cuando los cónyuges pertenecen a dos culturas y están sometidos a dos leyes que pueden contradecirse. Ciertamente, el legislador suizo ha establecido normas, en la ley federal sobre el derecho internacional privado del 18 de diciembre de 1987, para arreglar estos conflictos y determinar la ley aplicable. Pero no es el único capitán a bordo ya que el legislador del país del cónyuge extranjero, también puede tener algo para decir, y tal vez, de manera diametralmente opuesta. Además, el legislador suizo no puede prever todo para todas las culturas y todos los casos que se presentan.

Por esto, y para prevenir las contestaciones ulteriores, se recomienda a las personas que quieren contraer un matrimonio bicultural, fijar su acuerdo por escrito. Para facilitar su trabajo, hemos previsto un modelo de contrato en seis lenguas, al final de este texto. Para allí subrayar la importancia, un contrato así debe estar firmado delante de un escribano (notario), y si es posible antes del casamiento. Pero también se lo puede firmar después del casamiento si no se lo hizo antes.

Notemos en este aspecto que los países musulmanes prescriben que el casamiento se fije en un acto civil, incluso registrado delante de una autoridad oficial[1]. Este acto menciona los derechos específicos de ambos cónyuges[2]. El Corán recomienda fuertemente transcribir los compromisos:

> ¡Oh, creyentes! Si contraéis una deuda por un plazo determinado ponedlo por escrito... Y no dejéis de escribir toda deuda, pequeña o grande, detallando su

---

[1] En Egipto, incluso en el casamiento costumbrista, generalmente no registrado delante de una autoridad oficial, se fija todo por escrito delante de un escribano público o un abogado.

[2] En Egipto, el escribano que celebra un casamiento completa un formulario oficial. Los cónyuges que deciden incluir nuevas cláusulas en el formulario deben hacerlo en un documento separado (Muhammad Azmi Al-Bakri: Mawsu'at al-fiqh wal-qada' fil-ahwal al-shakhsiyyah, El Cairo, 1994, vol. 1, p. 70-71).

vencimiento. Esto es lo más justo ante Allah, la mejor prueba y el camino más seguro para evitar dudas (2:282).[3]

Por consiguiente, es preferible no contentarse con un acuerdo oral. Los Romanos decían: *Verba volant, scripta manent* (Las palabras vuelan, los escritos quedan)

El cónyuge no-musulmán, no obstante, debe ser consciente del hecho de que el contrato que proponemos tiene poca chance de ser reconocido si ambos cónyuges regresan al país del esposo musulmán, sobre todo en lo concerniente a las cláusulas relativas a la atribución de los niños y a su religión. Sin embargo, tiene el mérito de sensibilizar a los dos cónyuges.

En caso de que los esposos decidan proceder a una ceremonia religiosa musulmana en Suiza luego del casamiento por civil o de concluir con un casamiento religioso o consular en el extranjero, es indispensable mencionarlo expresamente, en el documento establecido, luego de la ceremonia o del casamiento:

- que el contrato de casamiento firmado delante de notario público por ambos cónyuges forma parte y
- que en caso de contradicción entre ambos, ese contrato debe contenerse en el documento establecido por la autoridad religiosa o consular.

Capítulo 2.
Importancia de la religión en los países musulmanes

1) Distinción en base a la religión

Los ciudadanos y ciudadanas suizos se dividen en numerosas comunidades religiosas: católicos, protestantes, mormones, judíos, musulmanes, baháis, etc. Pero todos están sometidos a un único código de familia y, en caso de litigio, son justiciables en los mismos tribunales. La situación es diferente, en los países musulmanes.

Estos países distinguen a la gente en base a la religión. Las normas del derecho de familia difieren según la religión de las personas concernidas. Que el musulmán sea creyente o no, practicante o no, antes que nada es considerado como musulmán y ve aplicarse un régimen jurídico correspondiente.

En algunos países (como Jordania, Siria, El Líbano e Irak), cada comunidad religiosa tiene su propio derecho de familia y sus propios tribunales religiosos quienes resuelven los litigios entre sus adeptos.

Otros países (como Egipto) han suprimido los tribunales religiosos y han transferido sus atribuciones a tribunales estatales competentes para todos, pero han mantenido las leyes diferentes de las diferentes comunidades.

---

[3] Estas citas y las citas ulteriores extraídas del Corán están tomadas de
    http://www.nurelislam.com/coran/index.htm.

Otros países incluso (como Argelia y Túnez) han suprimido los tribunales religiosos y han unificado las leyes manteniendo normas especiales aplicables a los no-musulmánes.

Pero todos esos países coinciden en que conocen normas discriminatorias en materia de derecho de familia a vista de los no-musulmánes y a vista de las mujeres como lo veremos en los puntos siguientes.

Ciertamente, existen diferencias entre los países musulmanes. Algunos países musulmanes tienen leyes más liberales o progresistas que otros. Así, la poligamia y la repudiación están prohibidas en Túnez y en Turquía. Pero si un tunecino o un turco va, por ejemplo, a Egipto verá que se le aplica la ley musulmana adoptada en Egipto. A pesar de las interdicciones de su ley nacional, podrá contraer matrimonio polígamo y repudiar a su mujer al mismo nivel que un musulmán egipcio. Lo mismo para el suizo que se convirtiere al Islam y que fuera a Egipto. La pertenencia religiosa de una persona pasa, ante todo, por su pertenencia nacional.

Hay que agregar acá que si el hecho de residir en Suiza a veces, puede jugar un rol garantizador para el cónyuge suizo no por ello protege a la pareja de las confrontaciones entre las normas y costumbres suizas y las musulmanas. Hay que tomar en consideración el hecho de que el cónyuge musulmán puede ser tentado para vivir "como en su casa" en su hogar en Suiza, bajo el modelo de sus padres y según sus leyes y costumbres religiosas. Es más, es imposible imponer a un extranjero un exilio ininterrumpido en Suiza. No hay que excluir un retorno, incluso por un corto período, aunque más no fuera para las vacaciones. Una vez en su país, el musulmán escapa a la ley suiza y cae bajo la influencia de su ley nacional y de sus costumbres. Existen, por supuesto, diferentes maneras de practicar el Islam. Algunos musulmanes son liberales y tolerantes, y otros, más ortodoxos. Sin embargo, una persona puede cambiar de actitud, en un sentido u otro, sobre todo con el resurgimiento del integrismo religioso. Por lo tanto, sean cuales fueren las inclinaciones religiosas del musulmán, cuando las relaciones entre la mujer y el marido se vuelven conflictivas, cada cónyuge tiene tendencia a apoyarse sobre el derecho que le es favorable. Más vale, entonces, estar al corriente de la disparidad entre las normas y costumbres suizas y aquéllas de los musulmanes y anteponerse a eventuales conflictos. Un proverbio árabe dice: "¡Una pizca de precaución vale más que una tonelada de medicamentos"!

2) Libertad religiosa

En Suiza, somos libres de adherirnos a una religión, de abandonarla por otra religión o de declararnos ateos. Somos libres de dar o no dar una educación religiosa a nuestros hijos. Estos, a partir de los 16 años, pueden elegir la religión que les conviene. Esta libertad está garantizada por la Constitución federal (artículo 15) y por el Código civil (artículo 303).

Los musulmanes afirman que su religión reconoce igualmente la libertad religiosa invocando notoriamente tres pasajes del Corán:

Si tu Señor hubiera querido, todos los habitantes de la Tierra habrían creído. Tú [¡Oh, Muhammad!] no podrás hacer que los hombres crean aunque se lo impongas. Sólo creerán quienes Allah haya decretado que así lo hagan; y dejará en el extravío a quienes no recapacitan [en Sus signos] (10:99-100).

Y diles: La Verdad proviene de vuestro Señor. Quien quiera que crea y quien no quiera que no lo haga. Pero sabed que tenemos preparado para los inicuos un fuego que les rodeará. Cuando sofocados pidan de beber se les verterá un líquido como el metal fundido que les abrasará el rostro (18:29).

No está permitido forzar a nadie a creer. La guía se ha diferenciado del desvío. Quien se aparte de Satanás y crea en Allah, se habrá aferrado al asidero más firme [el Islam], que nunca se romperá. Y Allah es Omnipotente, Omnisciente. Allah es el Protector de los creyentes, les extrae de las tinieblas hacia la luz. En cambio, los incrédulos tienen como protector a Satanás, quien los conduce de la luz hacia las tinieblas. Esos serán los moradores de Fuego, en el que estarán eternamente (2:256-257)

Reproducimos aquí los pasajes enteros del Corán en donde los musulmanes, con frecuencia, no citan más que la parte en cursiva, pasando al silencio toda mención de castigo para los no-creyentes.

Para comprender la concepción musulmana de la libertad religiosa, hay que saber que el derecho musulmán clásico y el derecho actual de los países musulmanes marcan una neta distinción entre la entrada al Islam, y el abandono del Islam.

A) Libertad de volverse musulmán

Si usted es cristiano, judío o adepto a alguna otra religión, puede libremente volverse musulmán. Incluso está alentado a hacerlo. Como musulmán puede repudiar a su mujer y casarse con otras cuatro. Es la razón por la que cada año numerosos cristianos egipcios se vuelven musulmanes.

Para ser musulmán, basta con pronunciar la siguiente fórmula: "Yo doy testimonio de que no hay otra divinidad más que Alá y que Mahoma es el mensajero de Alá". Si usted es un hombre, normalmente también deberá hacerse la circuncisión, salvo en caso de enfermedad. Mahoma dice: "El que se vuelva musulmán que se circuncide, incluso si es adulto"[4]. Incluso puede ser conducido a llevar otro nombre de resonancia musulmana o al menos, neutra. Así es como el periodista suizo Albert Hubert se hace llamar Ahmed Huber, el filósofo francés Roger Garaudy se hace llamar Raja Garaudy, la estrella pop británica Cat Steven se hace llamar Yusuf Islam y el boxeador norteamericano Cassius Clay se hace llamar Muhammad Ali[5].

---

4   Relato citado por Abd-al Salam Abd-al-Rahim Al-Sukkari: Khitan al-dakhar wa-khifad al-untha min mandhur islami, Dar-al-manar, Heliopolis, 1988, p. 50.

5   El diario oficial Saudita (Um al-Qura) publica regularmente los nombres de los convertidos al islam. Los convertidos cambian sistemáticamente sus nombres. Lo mismo sucede con los convertidos en Occidente; los que se niegan, a veces reciben presiones sociales de sus nuevos corre-

B) Prohibición de dejar el Islam

La facilidad con la que puede volverse musulmán contrasta con la muy estricta prohibición de dejar el Islam. En efecto, los versículos coránicos citados más arriba, de apariencia favorable a la libertad religiosa no han impedido a los legistas musulmanes clásicos de prever la pena de muerte para aquél que deja su religión, llamado apóstata. Si se trata de una mujer, algunos prevén la prisión de por vida hasta que ella muera o vuelva al Islam. Los autores musulmanes actuales intentan justificar ese castigo contra los apóstata basándose en algunos versículos coránicos (sobre todo el 9:74) y en la palabra de Mahoma: "El que cambie de religión, mátenlo"[6].

Esta prohibición de dejar el Islam es el inicio de las controversias que tienen lugar en ocasión de las discusiones de la Declaración Universal de los Derechos del Hombre cuyo artículo 18 dice:

> Toda persona tiene derecho a la libertad de pensamiento, de conciencia y de religión: este derecho implica la libertad de cambiar de religión o de convicción así como la libertad de manifestar su religión o su convicción, sola o en común, tanto en público como en privado, por enseñanzas, prácticas culto y cumplimiento de ritos.

La disposición que habla de cambiar de religión o de convicción ha provocado una reacción muy fuerte en los países musulmanes, sobre todo la parte representada por Arabia Saudita, sostenida por los representantes de Irak, de Siria[7] y de Egipto. El mismo problema se plantea en la discusión de la Declaración sobre la eliminación de todas las formas de intolerancia y de discriminación fundadas en la religión o la convicción[8].

Inspirándose en el derecho musulmán clásico, el derecho actual de los países musulmanes continúa afirmando la prohibición de dejar el Islam. Dos códigos penales árabes (Mauritania y Sudán) prevén expresamente la pena de muerte contra los

---

ligionarios (testimonio escrito de un convertido al Islam en Ginebra). Internet contiene el resumen de los convertidos al Islam que han cambiado de nombre (ver por ejemplo http://www.usc.edu/dept/MSA/newsmuslims/).

6   Numerosas obras árabes modernas tratan sobre la apostasía. El lector encontrará lo esencial del debate en el memorando del proyecto del Código Penal musulmán presentado en el Parlamento egipcio en 1982 (Lagnat taqnin ahkan al-shari'ah al-islamiyyah, iqtirah bi-mashru' qanun al-'uqubat, 1 de julio de 1982, p. 177-188). Este proyecto prevé la pena de muerte contra el apóstata. (art. 178).

7   AG, 3ra Comisión, Vol. 2, sesión, p. 402-403.

8   El representante de Irán advirtió que los musulmanes no están autorizados a escoger otra religión. En caso de que lo hicieran, están sujetos a pena de muerte (AG, 3ra Comisión, 26 octubre de 1981, A/C. 3/36/SR.29, p. 5) El representante de Irak, hablando de la Organización de la Conferencia Islámica, declaró que los países miembros de esta Organización "expresan... reservas en cuanto a la disposición o términos que convendría al derecho islámico o a toda legislación o ley fundada sobre este derecho" (AG, 3ra Comisión, 9 octubre de 1981, A C 36/SR.43, p. 10) El representante de Siria (AG, 3ra Comisión, 9 de octubre de 1981, A C 36/SR. 43, p. 12) y de Egipto se asociaron a esta reserva (AG, 3ra Comisión, 9 de noviembre de 1981, A/C. 3/36/SR. 43, p. 9).

apóstatas. Pero a pesar de la ausencia de una norma similar en las leyes de los otros países musulmanes, está mencionada en las obras utilizadas en las clases de todas las universidades árabes. En Marruecos, en Túnez, en Argelia o en Egipto (por no citar más que algunos), la ley no prevé ninguna sanción penal contra la herejía. Ésta no padece menos discriminaciones gravísimas, en estos países como en todos los otros países musulmanes:

- En materia de derecho de familia, el hereje, hombre o mujer, no puede casarse, y si ya está casado, se separa de sus hijos y de su cónyuge.
- En materia de sucesión, el hereje es considerado como muerto, y su sucesión es abierta. No puede heredar de otro.
- El apóstata pierde su empleo y puede darse que fuera a prisión, sin base legal formal.
- El apóstata vive continuamente en peligro de muerte (incluso en el extranjero). Cualquiera puede matarlo sin correr demasiados riesgos en el plano del derecho penal. Con frecuencia es un miembro de su propia familia quien lo elimina.

Visto esto, es importante que la pareja se ponga de acuerdo antes sobre la libertad religiosa y que no haya desacuerdos sobre una parte para hacerla cambiar de religión.

La mujer no-musulmana que se casa con un musulmán puede conservar su religión (ver el punto siguiente). Sin embargo, debe hacérselo saber claramente y mencionarlo expresamente en el contrato de matrimonio. Es necesario también que ella se informe sobre la situación concreta en el país del marido en caso de que ella debiera mudarse allí. En efecto, en un país como Arabia Saudita, está estrictamente prohibido para los no-musulmanes, practicar su religión; ningún lugar de culto no-musulmán está admitido en ese país.

3) Restricciones religiosas para el casamiento

Según el artículo 54, inciso 2 de la antigua Constitución suiza: "Ningún impedimento para el casamiento puede ser fundado en motivos confesionales". E incluso si el artículo 14 de la nueva Constitución se limita a decir: "El derecho al casamiento y a la familia está garantizado", la idea básica, sigue siendo la misma. Por consiguiente, un hombre puede casarse con una mujer sean cuales fueren sus respectivas religiones.

Este principio está confirmado por el artículo 16 inciso 1 de la Declaración Universal de los Derechos del Hombre que dispone:

A partir de la edad núbil, el hombre y la mujer, sin ninguna restricción en cuanto a la raza, la nacionalidad o la religión, tienen el derecho de casarse y de fundar una familia.

Este artículo fue objeto de una aclaración de parte del representante de Egipto en la Asamblea General en la ONU. Y dice: "En Egipto, como en casi todos los países musulmanes existen algunas restricciones y limitaciones en cuanto al casamiento de las mujeres musulmanas con personas de otra religión. Estas limitaciones son de naturaleza religiosa"[9].

En efecto, las normas musulmanas en vigor en los países musulmanes comprenden algunas restricciones en materia de derecho al casamiento basadas en la pertenencia religiosa. Estas normas pueden ser resumidas de la siguiente manera:

A) Casamiento de un musulmán con una no-musulmana

Un hombre musulmán puede casarse hasta con cuatro mujeres no-musulmanas, con la condición de que ellas pertenezcan a una religión monoteísta (cristianismo o judaísmo). En cambio, no puede casarse con una mujer budista, una baísta o una hereje (mujer que abandonó el Islam)

La mujer monoteísta no-musulmana puede conservar su fe casándose con un musulmán, pero los musulmanes no esconden por regla general, su deseo de que ese casamiento lleve a la mujer a convertirse al Islam[10]. Incluso en ausencia de presión, la mujer se sentirá prácticamente obligada a volverse musulmana si no quiere permanecer en desventaja en el plano sucesorio o en el plano de la guarda de los niños (ver capítulos 6 y 8 a continuación)

El casamiento con una no-musulmana, aunque permitido, sigue siendo criticable, sobre todo si la mujer es extranjera. Una obra, que es utilizada en la enseñanza en las escuelas públicas egipcias, pone en alerta a las mujeres, explícitamente, contra ese tipo de casamiento. El autor de esta obra teme que la mujer no-musulmana se transforme en espía para su propio país[11]. El jeque Al-Ghazali, autor egipcio dice incluso que no se puede calificar a los cristianos y judíos de Europa y de América como gente del Libro porque la Biblia y el Evangelio han perdido todo poder sobre ellos. Para él, la religión en estos últimos se limita a un feriado dominical, una fiesta de navidad, una ira contra el Islam e insultos contra Mahoma. Otrora, dice, el musulmán estaba autorizado a casarse con una mujer del Libro porque podía tener su casa y educar sus hijos según las enseñanzas de Dios. Pero hoy eso no sería posible en una sociedad en donde el vino corre libremente y donde el sexo no tiene frenos[12].

Señalemos acá otras dos normas islámicas que encontramos prácticamente en todos los países musulmanes:

---

9 AG, 3ra sesión, sesión plenaria 180, p. 112.

10 Sobre este punto ver Muhammad Abu-Zahrah: Al-awahl al-shakhiyyah, qism al-zawag, 2da edición, El Cairo, 1950, p. 113-114; Badran Abu-al-Aynayn Badran: Al-ilaqat al-igtima'iyyah bayn al-muslimin wa-ghayr al-muslimin, Beirut, 1980, p. 66-77).

11 Muhammad Ahmad Farag Al-Sanhouri: Al-usrah fil-tashri'al-islami, Wazarat al-tarbiyah wal-ta'lim, El Cairo 1987, p. 29-34 (obra enseñada en undécimo año escolar).

12 Muhammad Al-Ghazali: Qadaya al-mar'ah bayn al-taqalid al-rakidah wal-wafidah, 4ta edición, El Cairo y Beirut, 1992, p. 203-204. Ver también Muhammad Ibn Abd-al Karim Al-Gaza'iri: Zawag al-muslim bi-ghayr muslimah wa zawag al-muslimah bi-ghair al-muslim fi mizan al-islam, 2da edición, El Cairo, 1993, p. 31-32.

- Si una mujer cristiana casada con un cristiano se vuelve musulmana, su casamiento se disuelve por el hecho de que la mujer musulmana no puede casarse con un no-musulmán. Los niños se le tribuyen entonces a la madre. El marido que quiere conservar su mujer y sus hijos debe, a su vez, volverse musulmán.

- Si una mujer cristiana casada con un musulmán se convierte al Islam, no tiene derecho de hacer marcha atrás. Si lo hace, es considerada hereje; su casamiento se disuelve y se le quitan sus hijos.

B) Casamiento de un no-musulmán con una musulmana

Según las normas islámicas en vigor en los países musulmanes, un hombre no-musulmán no puede de ninguna manera casarse con una mujer musulmana. El no-musulmán que quiere casarse con una mujer musulmana debe obligatoriamente convertirse al Islam, antes del casamiento. Uno de los casos famosos es la conversión del filósofo francés Roger Garaudy quien, luego de haber sido católico y después ateo, ahora es musulmán, casado con una musulmana.

La prohibición hecha a una mujer musulmana para casarse con un no-musulmán está basada en dos versículos coránicos (2:221 y 60:10) como así también en un pasaje truncado del Corán: "Allah no concederá a los incrédulos la victoria sobre los creyentes" (4:141). Mahoma habría dicho en el mismo sentido: "El Islam domina y no sabría ser dominado"[13]. Las leyes de los países musulmanes prevén esta prohibición. Así el artículo 122 del Código oficioso de Qadri aplicado en Egipto declara: "La mujer musulmana no se une más que a un musulmán; no puede casarse ni con un idólatra, ni con un cristiano, ni con un judío; el acto que contrajera con alguno de ellos será calificado de nulidad radical".

Badran, profesor de derecho en la Universidad de Alejandría y en la Universidad árabe de Beirut, pregona la pena de muerte contra el no-musulmán que se casa con una musulmana. Puesto que es el medio más eficaz "para que el incrédulo (*kafir*) no tenga siquiera la idea en mente, partiendo de la idea de que no se atreva a realizar este acto que atenta contra el honor del Islam y de los musulmanes"[14].

La prohibición de casamiento entre una mujer musulmana y un hombre no-musulmán se extiende al caso en que el marido musulmán abandona su religión. Si un cristiano se convierte al Islam para casarse con una mujer musulmana, y que luego vuelve a su religión de origen, es considerado como apóstata. Por consiguiente, su casamiento queda disuelto de pleno derecho. Lo mismo sucede cuando

---

13 Se encuentran esos argumentos en la decisión del tribunal de primera instancia de Alexandria del 21-4-1957 (Salih Hanafi: Al-marga' fi qada' al-ahwal al-shakhsiyyah lil-masriyyin. Mu'assassat al-matbu'at al-hadithah, Alexandria, (1958?), vol. 2, p. 89-90).

14 Badran: Al-'ilaqat al-igtima'iyyah, op. cit., p. 88.

el marido musulmán adopta posiciones juzgadas contrarias a la religión musulmana[15].

Es cierto, estas normas islámicas no están admitidas en Suiza. Así una musulmana puede siempre casarse con un no-musulmán en Suiza. En algunas comunidades tradicionales, no obstante, correría el riesgo de ser secuestrada, incluso asesinada por sus parientes y sus correligionarios. No puede de ninguna manera regresar a su país, y si ella lo hace en compañía de su marido, podría ser separada de él inmediatamente y ambos arriesgarían la vida.

Lo dijimos antes, el no-musulmán que quiere desposar una mujer musulmana, debe convertirse al Islam obligatoriamente. Algunos son tentados de hacerlo por la forma, sin darse demasiado cuenta de la consecuencias jurídicas de su acto. En efecto, no pueden dar marcha atrás ya que se prohíbe a todo musulmán dejar su religión. Y si lo hacen, soportan las consecuencias descritas anteriormente. En esta materia, la sociedad musulmana no admite el derecho al error. Algunos pueden preguntarse cuál es el sentido de conversión al Islam que las autoridades juzgan formal. En efecto, si un no-musulmán se convierte al Islam, incluso si no lo hace más que formalmente, sus hijos serán obligatoriamente musulmanes en virtud de la ley y olvidarán las motivaciones por las que su padre se hubiere convertido; no tienen derecho de cambiar de religión en ningún momento de su vida.

C) Casamiento temporal o de gozo

El derecho musulmán chiíta conoce una forma de casamiento llamada *zawag al-mut'ah*, literalmente "casamiento de gozo", con frecuencia traducido como "casamiento temporal". Este tipo de casamiento está expresamente contemplado en el Código civil iraní[16]. Según el mismo, el marido podría, además de sus cuatro esposas regulares, tomar otras mujeres en casamiento temporal que puede durar tanto unas horas como varios años.

El casamiento temporal está prohibido en el derecho musulmán sunita. Pero las autoridades religiosas musulmanas sunitas autorizan a sus correligionarios que se encuentran en Occidente por estudios o por una misión casarse con mujeres no-musulmanas monoteístas con la íntima intención de separarse de ellas una vez que su estadía en el extranjero hubiera acabado. Semejante casamiento permite evitar

---

[15] Los tribunales egipcios, por queja de miles de islamitas, decidieron separa una mujer musulmana de su marido musulmán, ambos profesores en la Universidad del Cairo, a pesar de ellos, porque el profesor había escrito obras que se juzgaban como heréticas. Este caso terminó en la Corte de Casación, la que dio razón a los islamitas en su decisión del 5 de agosto de 1996). La pareja en cuestión, dejó Egipto y se exilió en Holanda por temor a ser matados por los islamitas.

[16] Artículos 1075 y 1077 del Código Civil Iraní. Sobre estos casamientos temporarios, ver Shahla Haeri: Law of desire, temporary marriage in Iran, Londres, 1989.

que tengan relaciones sexuales fuera del matrimonio, lo que el derecho musulmán prohíbe[17].

Capítulo 3.
Relaciones entre hombres y mujeres

1) Autoridad del hombre sobre la mujer

En Occidente la mujer lucha para obtener los mismos derechos que el hombre. Esta lucha también tiene repercusiones en la sociedad musulmana. En algunos países musulmanes, la mujer obtuvo el derecho de voto antes que una suiza. En otros países, como Kuwait, continúa privándosela, en nombre de las normas religiosas islámicas. En otros aspectos, los derechos de la mujer también chocan contra esas normas religiosas.

En efecto, el Corán ha instituido la autoridad del hombre sobre la mujer: "Ellas tienen tanto el derecho al buen trato como la obligación de tratar bien a sus maridos. Y los hombres tienen un grado superior al de ellas" (2:228). Y además: "Los hombres están a cargo de las mujeres debido a la preferencia que Allah ha tenido con ellos, y deben mantenerlas con sus bienes" (4:34)

De niña, la mujer está bajo la autoridad del padre: él puede oponerse a su casamiento o casarla sin su consentimiento; ella no puede contraer matrimonio sin el consentimiento del padre o del tutor macho. Casada, está bajo la autoridad del esposo que puede impedirle salir de la casa o trabajar, y obligarla a usar velo. Si ella desobedece, el marido puede castigarla según el Corán: "A aquellas de quienes temáis que se rebelen, exhortadlas y dejadlas solas en sus lechos [sin cohabitar], o recurrid a otra medida para que recapaciten; si os obedecen no las maltratéis " (4:34-35).

La mujer suiza que desposa a un musulmán corre el riesgo de perder sus derechos. El contrato de matrimonio justamente, puede servir para limitar esas pérdidas.

La mujer suiza debe, sobre todo, evitar romper los lazos con su país (conservar a toda costa la nacionalidad suiza) o con su familia. Estas dos paredes de salvación

---

17 Esto figura en una fatwa (decisión religiosa) d'Ibn-Baz, presidente de la Comisión Permanente de fatwa de Arabia Saudita (Magallat al-buhuth al-islamiyyah, N° 25, 1989, p. 89). Este problema despertó un gran debate en entre los musulmanes de los Estados Unidos luego de una fatwa a favor del casamiento con la intención de repudio luego de terminada la estadía en el extranjero. El Centro islámico en Washington llevó la cuestión a la Academia de derecho musulmán de la Organización de la Conferencia Islámica (que comprende a todos los países musulmanes). Pero la Academia se negó a raíz de las divergencias entre sus miembros, algunos a favor de ese casamiento, otros considerándolo como una tontería (el debate en el seno de esta Academia está informado en su revista Magallat magma' al-fiqh al-islami, N° 3, parte 2, 1987, p. 1107, 1141, 1170, 1232-1233 y 1374-1376).

pueden serle útiles frente a la dominación del hombre. La mujer también debe procurar que sus hijos estén inscriptos en su pasaporte.

2) Contactos entre hombres y mujeres; normas de vestimenta

A partir del Corán y de los relatos de Mahoma, los legistas concluyeron que ciertas partes del cuerpo humano son *'awrah*[18] (literalmente: tuertas, defectuosas, repugnantes) o *saw'ah*[19] (literalmente: malas, feas). Está prohibido exponerlas o mirarlas. La finalidad de esas normas es levantar las barreras de la tentación y del desenfreno. Las mujeres son vistas como el objeto de tentación supremo, y el derecho musulmán prevé normas más estrictas para ellas. Según algunas fuentes, Mahoma habría dicho: "Yo no dejé detrás de mí una tentación más nociva para los hombres que las mujeres"[20].

En el mundo árabe se observan diferentes maneras de vestirse. En la situación extrema, las mujeres van cubiertas -por la calle- de la cabeza a los pies, no se les ve nada, ni sus manos, ni sus cabellos, ni sus ojos. Jamás son presentadas a los invitados masculinos, y la comida se toma entre hombres, sin las mujeres. Cuando viajan en transporte público, van al fondo del autobús, en un compartimiento con ventanas con cortinas cerradas negras; están separadas de los hombres por otra cortina negra. Es el notable caso de Arabia Saudita y de los países del Golfo. En estos países los hombres rechazan pasar la mano a una mujer, y viceversa. En Arabia Saudita una mujer no puede conducir un auto "porque eso la llevaría a descubrirse el rostro o una parte del mismo... y porque la promiscuidad con los hombres provoca la subversión e incita al vicio", dice una *fatwa* (decisión religiosa)[21].

En otros países, la mujer debe llevar un sombrero y un vestido o una falda sobre los pantalones para no dejar ver sus piernas. Estas normas tienen repercusiones en la sociedad occidental, sobre todo en lo concerniente al velo en la escuela, y a la participación del deporte mixto.

En el cuadro familiar, el jefe de familia (el padre, y en su ausencia, el hijo mayor) con frecuencia exige que la mujer y las niñas se vistan según su propia concepción religiosa. Puede imponerles no ir al cine, al baile, a la playa o que se abstenga de hacer actividades deportivas. También puede oponerse a que los niños sigan algunos cursos (educación sexual, anatomía), o que participen de actividades deportivas o con frecuencia, de clases mixtas niños-niñas. Puede querer que se inscriban en escuelas privadas propias de su religión. En las relaciones sociales, puede prohibir a su mujer y a sus hijas estar presentes cuando hay visitas extrañas.

---

[18] Se encuentra este término en los versículos 24:32 y 58 y33:13.

[19] Se encuentra este término en los versículos 5:31, 7:20, 22 y 26-27, 20:121.

[20] Esta cita de Mahoma se encuentra en la obra enseñada en las escuelas públicas egipcias, Al-Sanhouri: Al-usrah fil-tashri' al-islami, op. cit., p. 203.

[21] Magallat al-buhuth al-islamiyyah, Núm. 24, 1989, p. 75 y Núm. 30, 1990 –1991, p. 297-298.

3) Trabajo de la mujer

Las constituciones de los países musulmanes reconocen el derecho al trabajo sin hacer discriminación frente a la mujer[22]. Ellas afirman expresamente que el estado garantiza a todos los ciudadanos la igualdad de posibilidades para el acceso a las funciones públicas[23].

La constitución egipcia aporta una precisión interesante: "El Estado asegura a la mujer los medios para conciliar sus deberes con la familia y con su trabajo en la sociedad, y su igualdad con el hombre en los dominios político, social, cultural y económico, sin prejuicio de la ley islámica" (artículo 11).

La mujer musulmana ocupa actualmente todas las funciones posibles e imaginables. Incluso se puede ver en Túnez a mujeres controladoras de boletos en los ómnibus públicos y como policías en el tráfico de la capital. Pero numerosas voces reclaman el retorno de la mujer al hogar[24].

A raíz de las actitudes tan variadas de los musulmanes, frente al trabajo de la mujer, es importante que los cónyuges discutan juntos estas cuestiones antes del casamiento y fijen su acuerdo por escrito, sobre todo si piensan ir al extranjero.

Capítulo 4.
Celebración del casamiento

1) Casamiento celebrado en Suiza

En Suiza el casamiento es una institución laica. La celebración del casamiento es de competencia exclusiva de los oficiales suizos del estado civil, sea cual fuere la religión o la nacionalidad de los cónyuges.

Está prohibido para los representantes diplomáticos y consulares extranjeros en Suiza celebrar un casamiento, sea cual fuere la nacionalidad o la religión de los

---

[22] Ver por ejemplo las Constituciones de Argelia (artículo 52), del Bahréin (artículo 13) y de Siria (artículo 36).

[23] Ver las Constituciones de Siria (artículo 26), De Egipto (artículo 8), de Irak (artículo 19), de Mauritania (artículo 12), De Marruecos (artículo 12), de Jordania (artículo 22), de Argelia (artículo 48), de Bahréin (artículo16) y de los Emiratos (artículo 35).

[24] En Egipto, un hombre preguntó a la Comisión de *fatwa* (decisión religiosa) si podía prohibir trabajar a su mujer. Invocando el versículo 4:34 del Corán, la Comisión respondió que la mujer no puede, sin autorización del marido, dejar la casa conyugal para trabajar, sea cual fuere el trabajo, incluso si fuere necesario para otro (como lo es el trabajo de médica o partera). La mujer debe pues, obedecer a su marido, abandonar su trabajo y quedarse en la casa. Los deberes conyugales son recíprocos: la mujer debe quedarse en la casa y el marido debe buscar satisfacer sus necesidades (Al-fatawa al-islamiyyah min dar al-ifta', El Cairo, vol. 9, 1983, p. 3076-77). Un profesor egipcio de Azhar enseña a sus estudiantes que la mujer casada está a cargo de su marido. Ella no debería, entonces, en principio, trabajar. Sin embargo, la mujer que no tiene sustento (marido, padre, hermano o pariente) puede trabajar. (Abd-al-Ghani Mahmud: Huquq al-mar'ah fil-qanun al-duwali al-'am wal-shari'ah al-islamiyyah, El Cairo, 1991, p. 91).

cónyuges[25]. El cónyuge suizo debe rechazar presentarse delante de esas autoridades para semejante celebración. Así, ese casamiento no será reconocido en Suiza. Lo mismo, la celebración de un casamiento religioso en Suiza no es admitida. Sólo se puede solicitar una "bendición religiosa" luego del casamiento por civil[26]. Jurídicamente hablando, esta ceremonia no es un casamiento, sino una formalidad facultativa que no tiene ninguna consecuencia jurídica.

Sin embargo, hay cónyuges que se casan únicamente delante de un imán, sin haber concluido, antes, el casamiento por civil. El derecho suizo no reconoce un casamiento tal, lo que puede tener consecuencias desagradables, sobre todo para la mujer "dejada" por su marido. Además, el imán se expone a sanciones penales[27]. Según el Oficio federal del estado civil, se le puede incluso retirar el permiso de estadía.

Cuando los cónyuges se dirigen a una autoridad religiosa musulmana luego del casamiento por civil, si el marido es musulmán y la mujer es no-musulmana, la autoridad religiosa le propone normalmente, la conversión al Islam, con más o menos insistencia[28]; si el marido es no-musulmán y la mujer es musulmana, la autoridad en cuestión impone al marido la conversión al Islam. El cónyuge no-musulmán que no desea abandonar su religión debe declararlo con claridad y exigir que ese punto sea mencionado expresamente en el acto establecido luego de la ceremonia religiosa.

2) Casamiento celebrado en un país musulmán

Cuando el casamiento tiene lugar en un país musulmán, por regla general, es celebrado por una autoridad religiosa o una autoridad civil con connotación religiosa. Cuando un no-musulmán quiere desposar una musulmana, está obligado a convertirse antes, al Islam. Si es una mujer no-musulmana quien desposa a un musulmán, puede conservar su religión pero se la invita con más o menos insistencia a volverse musulmana. El cónyuge no-musulmán que no desea abandonar su religión debe declararlo con claridad y exigir que este punto esté mencionado expresamente en el contrato de casamiento.

3) Poligamia

La mayoría de los países musulmanes permiten al hombre musulmán casarse con cuatro mujeres simultáneamente, ya sean ellas musulmanas, cristianas o judías. Los chiítas pueden tener, además de esas cuatro mujeres, un cierto número de mujeres a término. (ver capítulo 2, 3.C)

---

[25] Nota del 8 de febrero de 1995 del Departamento federal de asuntos extranjeros con representaciones diplomáticas y consulares en Suiza.

[26] El artículo 97 inciso 3 del Código civil suizo declara que "el casamiento religioso no puede preceder al casamiento civil".

[27] Artículos 271, 287 y 292 del Código pena.

[28] Según testimonios, un centro islámico que opera en Suiza posterga continuamente la ceremonia religiosa hasta que la mujer no-musulmana acepta convertirse al Islam.

Sin embargo, otras medidas son tomadas en cuenta en algunos países a fin de limitar esas prácticas. Así, la mujer está autorizada a incluir en el contrato de casamiento una cláusula que indique su oposición a que su marido se case con una segunda mujer. Esta cláusula no impide que el marido se case con una segunda mujer, pero da a la mujer el derecho de solicitar el divorcio si el marido lo hace. Esta cláusula se llama "cláusula de monogamia".

En Suiza, donde la poligamia es un delito punible en virtud del artículo 215 del Código penal, no es posible celebrar un casamiento polígamo, ya sea entre suizos o extranjeros. Pero suele suceder que la mujer descubre que su marido musulmán tenía ya otra mujer. El marido, así, puede volver a su país y casarse con otra mujer.

Con casos así, en Suiza, la mujer puede pedir el divorcio o hacer anular el casamiento si el marido ya estaba casado.

Distinto es, si ambos cónyuges se encuentran en el país del marido. En este caso, si el casamiento polígamo está permitido por la ley de ese país, la mujer no puede obtener el divorcio de los tribunales de ese país ni la nulidad del casamiento por esa razón. Por consiguiente, es indispensable prever en el contrato de casamiento la cláusula de monogamia que permite expresamente a la esposa pedir el divorcio si su marido estaba ya casado o si se casare con otra mujer, luego de su casamiento con ella. Esta cláusula es oportuna, incluso si la pareja se radicará en Suiza. La situación puede, de hecho, cambiar; en un país musulmán, la mujer suiza podrá invocar la cláusula y pedir el divorcio por la simple razón de doble casamiento sin tener que probar otra cosa. Esta cláusula está admitida es los países musulmanes.

Capítulo 5.
Régimen matrimonial y relaciones económicas

En Suiza, si los esposos no escogen uno de los otros regímenes disponibles en el Código civil, se someten al régimen legal de la participación en los bienes gananciales. Lo que significa que en caso de disolución del matrimonio por divorcio o por fallecimiento de uno de los cónyuges, los bienes adquiridos durante el casamiento serán repartidos por partes iguales. En cuanto a los bienes que cada uno tenía antes del casamiento, permanecen en la propiedad del cónyuge concernido. Por otra parte, el divorcio no pone fin a las relaciones materiales porque la ley prevé obligaciones alimentarias.

En derecho musulmán, el régimen legal es el de la separación de bienes. Lo que significa que cada esposo conserva la propiedad de sus bienes adquiridos tanto antes como durante el casamiento. Esto da desventaja a la mujer que se queda en el hogar, que hace las tareas domésticas y que se ocupa de los niños. Siendo que ese trabajo no es remunerado, ella sale del matrimonio con las mismas fuentes que tenía antes de casarse. En cuanto al marido, él conserva todos los beneficios que tenía antes como los que obtuvo durante el casamiento con sus actividades lucrativas. Esta inigualdad es tanto más sensible cuanto que el marido puede prohibir a su mujer, trabajar. Hay que agregar a esto que la mujer divorciada no tiene derecho a prestaciones de mantenimiento más que por un tiempo limitado, que varía según los países entre algunos meses y dos años.

Para agregar a esta situación económica precaria de la mujer, el derecho musulmán prevé el pago obligatorio de una suma de dinero (dote) de parte del marido a su mujer. Generalmente es depositada en una cuenta antes del casamiento y así permanece hasta el divorcio. Si el divorcio es imputable a la mujer, ésta pierde el derecho al resto de la dote. Por otra parte, para obtener el repudio de su marido, la mujer puede ser "invitada" a renunciar al resto de la dote y a rembolsar a su marido lo que ya hubiere recibido. La dote puede ser una suma simbólica que busque no cargar demasiado al marido. De todos modos, también puede ser una suma significativa que intente cubrir los gastos de la mujer divorciada. Esta dote, en principio es de la propiedad exclusiva de la mujer, pero a veces sus padres se la apropian[29].

Cuando los cónyuges se encuentran en Suiza, es importante que sometan el régimen matrimonial al derecho suizo. Si la mujer escoge quedarse en la casa, es indispensable que su trabajo sea tenido en cuenta a la hora de compartir los bienes adquiridos con el marido. Si la mujer trabaja, debe evitar que sus bienes caigan completamente en la casa o en las manos del marido. Debe exigir que su marido también participe de los gastos del hogar. En efecto, sucede que algunos musulmanes –como otros- se casan con suizas para obtener un permiso de estadía y el derecho de trabajar en Suiza. Estos, tienden a dejar a la mujer a cargo de los gastos del hogar y envían todas sus ganancias a su país de origen. Cuando estiman que ganaron suficiente en Suiza, se divorcian o repudian a sus mujeres y vuelven a su país para casarse con otras mujeres.

Si la pareja acuerda establecerse en el extranjero, tienen que arreglar los derechos económicos de cada uno de los cónyuges según si la mujer desea trabajar o quedarse en la casa. Hay que hacerlo de suerte que la mujer no se quede en la calle en caso de divorcio, de repudiación o de muerte del marido. Entonces no es inútil que ella exija de él un depósito de dinero (importante de preferencia), a título de dote, previendo tales eventualidades. Son las reglas del juego entre los musulmanes. Por esta razón, la Embajada suiza en El Cairo insiste para que la dote sea suficientemente elevada por las necesidades de la mujer en caso de divorcio. A pesar de esto, se constata que en ciertas actas de casamiento de suizas con musulmanes egipcios, la dote es de una libra egipcia (menos de 50 centavos suizos!)

Para evitar situaciones difíciles, la mujer debe exigir a su pareja un acuerdo escrito antes del casamiento para arreglar estas cuestiones materiales. Los dos cónyuges deben guardar constantemente el espíritu de que las buenas cuentas hacen a los buenos amigos.

---

[29]   Un acto de casamiento entre una Egipcia y un Argelino, ambos viviendo en Canadá, prevé una dote de medio millón de marcos alemanes. (unos 300'000 euros!).

Capítulo 6.
Disolución del casamiento

Salvo en caso de muerte, el casamiento, en Suiza, no se disuelve más que con un juez. Sucede de otra manera en los países musulmanes.

1) Disolución del casamiento en un país musulmán

En los países musulmanes existen básicamente tres maneras de disolver el casamiento: repudiación, repudiación a cambio de compensación y divorcio.

A) Repudiación

La repudiación (*talaq*) es el derecho reconocido en el hombre musulmán y únicamente en él, de poner fin al casamiento por una declaración unilateral, sin pasar delante de un tribunal y sin que se exijan justificaciones.

La repudiación puede ser definitiva o revocable en un cierto lapso de tiempo (de alrededor de 3 meses) por decisión unilateral del marido, lo que significa que el marido puede retomar a su mujer sin su consentimiento antes del a expiración del plazo. La repudiación puede ser ejercida directamente por el marido o, indirectamente, por otra persona delegada por el marido.

Habiendo una base coránica[30], la repudiación está admitida en todos los países árabes excepto en Túnez cuyo artículo 3º del Código de status personal declara: "El divorcio no puede tener lugar más que delante del tribunal". Algunos países musulmanes intentaron, sin embargo, limitar el poder del marido de repudiar a su mujer exigiendo un procedimiento de conciliación delante del tribunal. Pero el juez, en caso de fracaso, no puede impedir al marido que repudie a su mujer.

Mahoma dice: "La repudiación es el acto permitido más detestable delante de Dios". Algunos autores clásicos deducen de ello que el marido no debería abusar de su derecho de repudiación, sin dejar de permitirle que lo haga. ¿Pero se lo puede acusar por hacer uso de un derecho reconocido por el Corán? Es lo que piensan algunos legisladores árabes.

En Egipto, por ejemplo, la mujer "repudiada por su marido sin haberlo consentido y sin tener responsabilidad" tiene derecho, a parte de la pensión alimentaria durante el plazo de continencia, a una indemnización de consuelo (*mat'ah*) calculada en base a una pensión alimentaria de al menos dos años, y teniendo en cuanta la situación financiera del marido, circunstancias de la repudiación y tiempo de casamiento (artículo 18bis de la ley 100/1985). Sin embargo, la ley precisa que sólo la mujer que "tuvo relaciones conyugales en base a un casamiento válido" tiene derecho a

---

30 El Corán dice: "Si la voluntad de divorcio se expresare dos veces, se tendrá aún la posibilidad de reconciliarse debiendo tratar a la mujer benévolamente, o en caso contrario dejarla marchar de buena manera. No se os permite tomar nada de lo que les hayáis dado [la dote], salvo cuando por temor a no poder cumplir con lo que Allah ha ordenado [el buen trato] ella decidiera darle algo de dinero a su marido [para que él la divorciase]; en este caso no incurrís en falta si tomáis ese dinero en compensación (*iftadat*) de lo que le hayáis dado" (2:229).

esta indemnización. Siria (artículo 117) y Jordania (artículo 134) fueron aún más amplias, al no retener esta condición egipcia.

B) Repudiación a través de compensación o recompra

La mujer puede negociar con su marido una repudiación a cambio del depósito de una suma de dinero. Esto está previsto en casi todas las leyes de países musulmanes. Mohamed Chafi escribe: "Cuando la esposa comprueba aversión por su marido, ella puede pedirle que la repudie, compensando con una parte financiera, que en realidad no es más que la ración de su libertad. El derecho musulmán considera este tipo de repudiación como una auto-compra de sí-misma[31]".

Algunos califican a este procedimiento como "divorcio por consentimiento mutuo". El término "recompra" sería más que apropiado. En efecto, El Corán utiliza el término *iftadat* (2:229), el cual evoca la ración pagada por la libertad de un prisionero.

Incluso si la mujer expresa aquí su voluntad de poner fin al matrimonio, el marido permanece como dueño de la situación: sin su acuerdo, el matrimonio no puede ser disuelto. La recompra puede, incluso, se una modalidad mucho más severa que la repudiación, en la medida que permite al marido ejercer una presión psicológica y financiera sobre su esposa.

C) Divorcio

El divorcio (*tatliq*), contrariamente a la repudiación, es una disolución del matrimonio pronunciada por el juez en base a motivos previstos por la ley. Mientras que el marido, y sólo él, puede recurrir a la repudiación, la mujer que se quiere separar de su marido, si no llega a obtener su liberación por la recompra, necesariamente debe dirigirse a un tribunal para exponerle las razones por las que ellas desea disolver el casamiento. Lo que no es cosa fácil.

Cuando los cónyuges viven en un país musulmán que admite la repudiación, la mujer suiza queda a la buena de su marido que puede repudiarla en cualquier momento para casarse con otra mujer. Como le será difícil pedir el divorcio en el país de su marido, debe regresar a Suiza para intentar un proceso de divorcio en contra de su marido.

Señalemos sobre este punto que algunas legislaciones musulmanas permiten a la mujer, incluir en el acto de matrimonio el derecho de repudiar a su marido. Podrá entonces repudiar a su marido al mismo nivel que éste podría hacerlo –sin tener que pasar por un juez y sin pagar una compensación al marido. Evidentemente es muy delicado proponer semejante cláusula en el contrato de matrimonio, pero si los futuros esposos son suficientemente abiertos y realistas, sabrán acomodarse a ello. Pueden también excluir recíprocamente la repudiación, comprometiéndose ambos a no recurrir a ella.

---

[31]   Mohamed Chafi: Code du statut personnel annoté, Marrakesh, 1996, p. 132-133.

2) Disolución del matrimonio en Suiza

Suiza no conoce más que el divorcio. Este es de la competencia exclusiva de los Tribunales civiles, sea cual fuere la nacionalidad o la religión de los cónyuges. Por lo tanto, cuando los cónyuges viven en Suiza, deben dirigirse a un tribunal para disolver su matrimonio.

La repudiación se considera como contraria al orden público suizo. Se les prohíbe a los imanes o a las autoridades consulares extranjeras sustituir a las autoridades civiles competentes para pronunciar la disolución del matrimonio, sea cual fuere la nacionalidad o la religión de los cónyuges. El imán que disuelve un casamiento en Suiza se expone a sanciones penales[32] y arriesga su permiso de estadía. La disolución del casamiento delante de una autoridad religiosa no está reconocida en Suiza, y es susceptible de crear problemas insolubles si los cónyuges se creen liberados del lazo de matrimonio por ese procedimiento. Un caso concreto de este tipo se produjo en Suiza: un musulmán, que se creía liberado de su mujer divorciándose delante de un imán, se compró un inmueble. La mujer se volvió en contra del marido y le exigió la mitad.

A veces, los musulmanes que viven en Suiza repudian a sus mujeres por representación, cosa que no se reconoce es este país. En un caso concreto, el marido musulmán había enviado a su hermano que se encontraba en Egipto para pronunciar la repudiación de su mujer que vivía en Suiza. Ésta se enteró por una amiga que vivía en Egipto. La repudiación no fue reconocida en Suiza. El marido debió ir a los tribunales suizos para disolver el matrimonio según las normas suizas, mientras que ya se había casado de nuevo, creyendo que su anterior matrimonio estaba disuelto.[33]

Capítulo 7.
Relaciones entre padres e hijos

1) ¡Infórmese antes del casamiento!

Toda persona normalmente constituida tiene afecto por sus hijos y desea transmitirles sus propios valores. Generalmente, esto no plantea problemas cuando los cónyuges comparten los mismos valores. Ambos cónyuges discuten muy rara vez, antes del casamiento, cuestiones relativas a sus futuros hijos ya que estas cuestiones serían resueltas a la luz de las normas legales y costumbristas que les son comunes.

---

[32] Artículo 271 (actas para un Estado Extranjero) y 287 (usurpación de funciones) del Código Penal.

[33] Decisión del 14.11.1991 de la Corte de Justicia Civil (La semaine judiciaire, año 114, n° 13, 31.3.1992, p. 209-224).

Sin embargo, debería ser diferente cuando los cónyuges son de culturas diferentes y que ignoran las normas que rigen sus respectivas sociedades, en relación con los niños. Ya antes del casamiento, es necesario que ambos cónyuges se informen sobre estas normas y que se pongan de acuerdo por escrito sobre las concesiones que están dispuestos a ofrecer. Tiene que discutir como si los hijos ya estuvieran allí, presentes, delante de ellos. Llamamos la atención sobre los siguientes puntos:

2) Relaciones sexuales e hijos nacidos fuera del matrimonio

En la sociedad occidental actual, el hecho de tener relaciones sexuales o niños sin estar casados es cada vez menos difamable. El número de madres solteras y de niños nacidos fuera de del matrimonio está en aumento. Incluso cuando esta situación continúe siendo mal aceptada en algunas familias, el legislador occidental gradualmente trata de adaptar la ley a los acontecimientos sociales y suprimir las discriminaciones de las que son víctimas las madres solteras y los niños nacidos fuera del matrimonio. Así, el padre natural debe asumir obligaciones alimentarias frente a su hijo y éste, tiene los mismos derechos de herencia que un hijo legítimo.

En la sociedad musulmana tradicional, la niña debe llegar al matrimonio virgen. En algunas comunidades, ella debe probárselo al marido, a sus padres y a los invitados con la ayuda de una sábana o un algodón manchado con su sangre. Las que han perdido su virginidad tratan de recuperarla con la ayuda de un cirujano que cose el himen desgarrado. A veces, recurren a otras astucias como simular su virginidad, por ejemplo, haciendo coincidir la noche de bodas con sus reglas menstruales. El derecho musulmán, por otra parte, permite al marido poner como regla de casamiento que la mujer sea virgen; si se da cuenta después del casamiento que ella no lo es, puede anular el casamiento y exigir el rembolso de la dote que hubiere pagado[34].

Y si la virginidad de la casada es requerida, esta debe evitar, con mayor razón, todo embarazo o todo hijo nacido fuera del matrimonio. El padre natural de un niño nacido fuera del matrimonio no pude reconocerlo y no asume ninguna obligación para con él; el niño no puede heredar más que de su madre. Por otra parte, la ley guarda silencio en cuanto a los hijos ilegítimos. Por lo tanto, la madre soltera se encuentra completamente desamparada tanto por el legislador como por la sociedad musulmana, quien con frecuencia la obliga a dejar al niño en un orfanato[35].

Si hoy día no se puede obligar a una suiza, que quiere desposar a un musulmán, llegar al matrimonio virgen, tiene que evitar, al menos, pasar la noche de bodas en la sociedad del marido musulmán. Y en todos los casos deberá evitar un embarazo antes del casamiento. Correría el riesgo de ser echada con su hijo, por la familia del marido, e incluso por él mismo.

---

[34] Muhammad Ibn-Ma'guz: Ahkam al-usrah fil-shari'ah al-islamiyyah, Casablanca, 1990, p. 210.

[35] Sobre este punto, ver sobre todo Magdi Kamil: Awham al-gins, 3ra edición, El Cairo, 1995, p. 12-14; Wedad Zenie-Ziegler: La face voilée des femmes d'Égypte, París, 1985, p. 148-155.

3) Nombre del Hijo

Un problema importante sobre el que hay que entenderse ya antes del casamiento es el nombre de los hijos. Para pensarlo, no hay que esperar que la mujer esté encinta o que el niño nazca.

Los nombres en lengua árabe pueden tener connotaciones musulmanas, cristianas o neutras. Así, los nombres Muhammad, Ali y Hassan indican que las personas que los llevan son musulmanas. Los nombres Hanna (Juan), Boulos (Pablo) y Boutros (Pedro) son nombres cristianos. En cambio, los nombres Sami, Jamal e Ibrahím pueden ser llevados tanto por musulmanes como por cristianos árabes.

A este problema se agrega el de la connotación nacional de los nombres: un Juan-Pedro pasaría desapercibido en la sociedad occidental, pero un nombre como Jamal indicaría que su dueño es de cultura árabe o árabo-musulmán. Sobre esto, aclararemos que hay casos de familias musulmanas que dan a sus hijos nombres "europeos". Tanto como que familias cristianas suizas dieran a sus hijos nombres de resonancia árabe por exotismo.

Dicho esto, si el cónyuge suizo no desea que su hijo o su hija lleve un nombre con connotación musulmana o árabe por una razón u otra, debe absolutamente hacérselo saber a su futura pareja antes del casamiento y fijar el acuerdo por escrito. La pareja también puede contemplar la posibilidad de un doble nombre, lo que con frecuencia es una solución práctica.

Señalemos que aquí, en Suiza, la elección del nombre incumbe a ambos padres si están casados[36]. Se anuncia al mismo tiempo que el nacimiento[37].

4) Religión del niño

En derecho suizo, los dos cónyuges deciden juntos la religión y la educación religiosa que desean dar o no a sus hijos. Cuando la pareja en cuestión no se entiende en cuento a la elección de la religión, un juez debe intervenir. En caso de divorcio, quien tiene la autoridad parental dispone solo y libremente la educación religiosa del niño; un eventual acuerdo de los cónyuges concerniente a la guarda y el la patria potestad (que implica la educación religiosa) es tomada en consideración por el juez aunque este acuerdo sea puesto a ratificación. Pero en todos los casos, los niños en Suiza tienen el derecho de escoger su religión a partir de los 16 años de edad y también pueden decidir no seguir con la educación religiosa (artículo 303 del Código civil).

Esta libertad religiosa es inconcebible para el derecho musulmán. En todos los países musulmanes, los niños donde uno de los padres es musulmán, son obligatoriamente musulmanes. Incluso si la pareja está de acuerdo, antes o luego del casamiento, para que los niños sean bautizados y criados en la religión cristiana un acuerdo tal no tiene ningún valor delante de la ley. La única manera de hacerlo

---

[36]   Artículos 301 al 4 del Código Civil; artículo 69 al 1 de la Ordenanza sobre el estado civil.

[37]   Artículo 69 al 2 de la Ordenanza sobre el estado civil.

respetar es sacando a los niños del país musulmán para que puedan practicar su religión, libremente. Recordemos también que no está permitido a los niños musulmanes escoger otra religión cuando son mayores. El niño que nace musulmán debe permanecer así toda la vida.

A raíz de estos conceptos diametralmente opuestos, es importante que los cónyuges se planteen sobre la religión de sus niños y la educación religiosa antes del casamiento, y a lo sumo, antes de tener a los niños. Deben poner todo por escrito para saber con qué se comprometen.

El problema se plantea cuando ambos cónyuges deciden ir a un país musulmán. En este caso, los compromisos de los esposos que son contrarios a la ley islámica no tienen valor, y el marido será presionado, lo quiera o no, a aplicar las normas locales como exigencia de la ley y de su entorno familiar y social. Es prácticamente imposible que abuelos musulmanes admitan que sus nietos pertenezcan otra religión que la suya. En un caso concreto, un marroquí casado con una suiza debió romper lazos por completo con su familia y su país por haber acepado que sus hijos fueran cristianos.

Señalemos al respecto que el jefe de familia musulmán puede obligar a su mujer y a sus hijos musulmanes a cumplir con los deberes religiosos, sobre todo con las cinco oraciones diarias y el ayuno del Ramadán. Recordemos que en principio los musulmanes no comen ni cerdo ni carne de animales que no sean degollados según las normas musulmanas; tampoco beben bebidas fermentadas (licor, vino, etc.). Un marido musulmán puede entonces, exigir a su mujer no-musulmana la no introducción de esos alimentos en la casa, o incluso no comerlos fuera de la casa para evitar que tales alimentos no sean pasados a los niños por la leche materna. Estas cuestiones deben ser discutidas por los cónyuges antes del casamiento. El acuerdo debe dejarse por escrito.

5) Marcas religiosas: bautismo, circuncisión, escisión

Los cristianos en general bautizan a sus niños en signo de adhesión a la Iglesia. Sin embargo, se constata que cada vez más cristianos se abstienen de hacerlo ya sea por indiferencia o ya sea por respeto a la libertad del niño, quien escogerá hacerse bautizar o no cuando esté en edad de comprender ese acto. En todos los casos, el niño conservará el derecho de elegir su religión a partir de los 16 años de edad y tendrá la libertad de cambiar a lo largo de su vida.

Los musulmanes y los judíos circuncidan sistemáticamente y obligatoriamente a todos sus hijos varones.

La escisión en las niñas es un acto desconocido en numerosos países musulmanes como Irán, Turquía, Arabia Saudita, Argelia, Túnez, Marruecos, Jordania, Siria o Irak. Pero se sigue practicando aún en 28 países, notablemente, africanos de mayoría musulmanes[38]. Tiene una gran difusión en Somalia, en Sudán y en Egipto. En

---

[38] OMS, Mutilations sexuelles féminines, dossiers de información, 2 de agosto de 1994, p. D2-D3.

este último país, el 97 % de las mujeres son escindidas, según las cifras del ministerio egipcio de Salud Pública[39].

En el respeto de la integridad física de los niños, ambos cónyuges deberían esperar que los hijos e hijas lleguen a la mayoría de edad; luego, ellos decidirán libremente si quieren someterse a esas prácticas[40].

Cierto, si la pareja vive en Suiza, su compromiso en este sentido, tiene todas las posibilidades de ser respetado. Es completamente diferente si ocurre en el país de origen del "cónyuge" musulmán. Con frecuencia, la familia de este último impone sus costumbres y no duda en poner en práctica la circuncisión y la escisión en los hijos, a pesar de la resistencia de sus padres. Para evitar tales intromisiones de la familia sobre los hijos, es preferible dejarlos en Suiza mientras son menores.

6) Cantidad de hijos, contracepción y adopción

En Occidente, los cónyuges se entienden, en general, sobre la cantidad de hijos que desean tener. Pero es cada vez más raro ver una familia numerosa. Los cónyuges recurren, por lo general, a diferentes medios anticonceptivos para limitar el número de hijos o para espaciar los nacimientos.

Los países musulmanes intentan por distintos medios limitar el crecimiento demográfico, pero el resultado es escaso ya que el medio religioso musulmán se opone por principio al control de la natalidad. El marido puede rechazar que su mujer recurra a un medio contraceptivo. Además, la mujer tiene el derecho de tener tantos hijos como su salud o sus deseos se lo permitan. También se encuentra médicos que rechazan prescribir medios anticonceptivos a las parejas que los solicitan.

Generalmente, se constata que las familias musulmanas y las parejas biculturales que viven en Occidente tienen tendencia a reducir el número de hijos. Pero lo importante es que la mujer no-musulmana discuta esta cuestión con su futuro marido antes del casamiento para conocer su punto de vista y para entenderse con él sobre la cantidad de hijos que desean tener.

Otro problema es el de la adopción. En Occidente, cuando una pareja prueba tener dificultades para concebir, es una recurrencia habitual. Acá se trata de una vía legal que está prohibida en los países musulmanes. Esta prohibición está basada en el Corán (33:4-5). El único país musulmán que permite la adopción es Túnez. No obstante, hay que saber que, para este país, sólo un musulmán puede adoptar un niño musulmán. En otros países, existe una institución llamada "refugio". Según

---

39 Al-Wafd, 13 de enero de 1997; Egypt demographic and health survey, septiembre de 1996, p. 171. L'Azhar, en el Cairo, aprueba esta práctica en nombre de la religión islámica a pesar del hecho de que el gobierno egipcio tiende a erradicarla (ver sobre todo la *fatwa* (decisión religiosa) de Gad-al-Haq de un fascículo de distribución gratuita con el número de octubre de 1994, en la revista de Azhar).

40 Sobre las 2 cuestiones de circuncisión masculina y escisión femenina ver la obra de Sami Aldeeb Circoncision masculine et féminine: notre sexe entre le marteau de Dieu et l'enclume des coutumes, 1997.

esta institución, la pareja se encarga de dar al niño afecto y ayuda material necesaria, pero el niño no puede, en principio, ni llevar el apellido de la familia "que acoge" ni tener derecho a su herencia, aunque puede recibir un legado.

Cuando la pareja musulmana no puede tener hijos, el marido atribuye generalmente la responsabilidad a la mujer. Como la inseminación artificial está poco desarrollada, incluso prohibida en los países musulmanes, y que la adopción también está prohibida, el marido repudia a su mujer o toma otra esposa. No sería inútil que los cónyuges se sometieran a exámenes prenupciales (esterilidad, enfermedades venéreas, sida, etc.), exámenes por otra parte exigidos en algunos países musulmanes. EN caso de que uno de los cónyuges fuere estéril, el proyecto de casamiento podría encontrar algunas dificultades, incluso si la misma pareja acepta un matrimonio sin hijos. En efecto, la familia del marido aceptará raramente, un entorno tan grave para la regla social, incluso si el marido vive en Suiza lejos de la familia del cónyuge.

7) Guarda de los hijos en caso de disolución del matrimonio

En derecho suizo el juez decide la atribución de los niños en caso de divorcio. La situación es diferente en derecho musulmán.

Según el derecho musulmán, la madre tiene la prioridad en el la guarda del niño, pero el padre conserva la patria potestad. La duración de la guarda varía según el sexo del hijo, siendo la guarda de la niña más larga que la del varón. Despúes de la extinción del derecho de guarda de la madre, algunas legislaciones dan la guarda del hijo al padre, otras le dan la elección de vivir con el padre, la madre u otro pariente.

Cuando la madre es no-musulmana, en principio está privada de su derecho de guarda del hijo, sea niño o niña, después de una cierta edad (generalmente cinco años) a partir de la cual, se arriesga la influencia religiosa. Se teme que ella lo críe en otra religión diferente de la del padre, a saber, el Islam. Es una razón fácil de invocar para retirar a los hijos de la madre. En todos los casos, una madre no-musulmana vuelta musulmana y que regresa a su antigua religión (apostasía) no sabría conservar a los hijos. La apostasía es un impedimento para la guarda del hijo. Además, la madre pierde su derecho de conservar al hijo si vuelve a casarse luego del divorcio o si se establece en otra ciudad que la del padre.

Si los cónyuges viven en Suiza y que el divorcio tiene lugar en ese país, el juez suizo aplicará el derecho suizo y apartará el derecho musulmán. El padre musulmán admitirá, sin embargo, raramente que sus hijos se atribuyan a la madre, sobre todo por temor a que ella los críe en una religión no-musulmana. Esta situación puede dar pie a casos dramáticos de secuestro de niños, que luego son muy difíciles de tratar porque ningún país musulmán ha ratificado la Convención de La Haya relativa al secuestro internacional de niños de 1980[41].

---

[41] RS 0.211.23.02.

Cuando uno de los cónyuges vive en un país musulmán, la mujer no-musulmana no escapa a la aplicación de las normas musulmanas. Se verá entonces privada de la guarda de sus hijos luego de la edad de 5 años. En todos los casos, no tiene ningún poder sobre los hijos, incluso antes de esa edad. El problema particular se plantea cuando el marido musulmán muere. Los niños son con frecuencia retirados de su madre y criados con los abuelos paternos. Esta situación lleva a un buen número de mujeres no-musulmanas a volverse musulmanas para no perder la guarda de sus hijos.

En este ámbito, la mujer no-musulmana debe entenderse por escrito con su marido musulmán para que el derecho aplicable en materia de atribución de los hijos sea el derecho suizo. Es evidente que un acuerdo tal no tiene ningún valor si los cónyuges viven en un país musulmán. Puede, no obstante, ser útil si la mujer solicita el divorcio en Suiza luego de la muerte del marido.

Capítulo 8.
Sucesión

1) Sucesión en caso de apostasía

En derecho suizo, la sucesión está abierta solamente luego del deceso de una persona. En derecho musulmán, la sucesión puede ser abierta en vida de una persona. Es el caso de un musulmán apóstata que abandona el Islam. El apóstata, según el derecho musulmán clásico, debe ser matado. Allí, donde la pena de muerte no se aplica, el apóstata es considerado como muerto. No puede heredar de nadie, y su sucesión está abierta en vida, sobre todo si abandona el país para escaparse de la justicia. Sólo sus herederos musulmanes pueden heredar de él. Si vuelve al Islam, recupera sus bienes[42].

2) Sucesión en caso de muerte

El derecho musulmán prohíbe toda sucesión entre musulmanes y no-musulmanes. Así, una no-musulmana que desposare un musulmán y trajere niños al mundo (forzosamente musulmanes según el derecho musulmán), no podría heredar de sus hijos o de su marido. Por otra parte, los hijos musulmanes no podrían heredar de su madre no-musulmana. El único medio para hacer frente a esta regla es la constitución de un legado de competencia de un tercio de la sucesión a favor de su heredero privado de la herencia por razones de incompatibilidad de religiones.

Por otra parte, el derecho musulmán en general, acuerda a la mujer la mitad de lo que acuerda al hombre. Así, una hija recibe la mitad de la parte que recibe su hermano, y la mujer la mitad de lo que recibe el marido en caso de morir antes.

Si el cónyuge musulmán hubiera tenido su último domicilio en Suiza, su sucesión estaría regida por el derecho suizo. EL problema de las normas religiosas no existe

---

42   Esto está explícitamente previsto por el artículo 294 del Código de familia de Kuwait.

en este caso. Sin embargo, será difícil hacer ejecutar una decisión suiza en lo que a bienes concierne, si estos se encuentran en el país de origen del cónyuge musulmán.

De esto, lo que importa es que los cónyuges se pongan de acuerdo para arreglar sus sucesiones, sobre todo sometiéndolas al derecho suizo. Pero un acuerdo semejante no tiene ningún valor si los cónyuges se encuentran en un país musulmán que se rige por el derecho musulmán. La mujer debería entonces negociar la atribución al cónyuge sobreviviente, de un tercio de la herencia, el que muere antes, a título de legado.

Las normas musulmanas en materia de sucesión incitan a un buen número de mujeres no-musulmanas casadas con musulmanes a volverse musulmanas (de forma) a fin de no perder su parte en la herencia de su marido y para que sus hijos (en general musulmanes) no sean excluidos de su propia herencia.

Capítulo 9.
Deceso y funerales

No se habla de la muerte cuando uno se casa! Pero tarde o temprano hay que enfrentarla. Y cuando dos cónyuges pertenecen a religiones y culturas diferentes se encuentran doblemente confrontados a raíz de las diferencias en las normas relativas al deceso y los funerales.

En Suiza[43], toda persona tiene derecho de ser "enterrado decentemente" (artículo 53 de la Constitución Federal). Los cementerios son responsabilidad de las autoridades civiles que velan el respeto de los muertos y el orden en los cementerios, sobre todo en lo que refiere la alineación de las tumbas y su desafectación luego de un cierto tiempo. Estas autoridades pueden tolerar, de parte de una comunidad religiosa, el mantenimiento o la creación de un cementerio particular, y no reservarse más que el control. En fin, Suiza permite la incineración de los muertos según los votos del difunto o de su familia.[44]

En los países musulmanes, como en Israel, cada comunidad religiosa entierra sus muertos en su propio cementerio. Está prohibido un miembro de otra comunidad. Los autores musulmanes clásicos y modernos estiman que el entierro de un no-musulmán con musulmanes en el mismo cementerio trae mala suerte a sus sucesores.

---

[43] El artículo 53 al. 2 de la antigua Constitución estipulaba: El derecho de disponer de los lugares de sepultura pertenece a la autoridad civil. Ella debe procurar que toda persona fallecida pueda ser enterrada decentemente. La nueva Constitución ha suprimido esta disposición estimando que está cubierta por el artículo 7 que estipula: La dignidad humana debe ser respetad y protegida.

[44] Sobre la cuestión de los cementerios en Suiza, ver: Sami Aldeeb: Cimetière musulman en Occident: normes juives, chrétiennes et musulmanes, L'Harmattan, Paris, 2002, 168 páginas.

Cuando el marido es musulmán y la mujer no-musulmana, cada uno se entierra en su propio cementerio. Así, luego de una vida juntos, y de haber compartido la cama conyugal, son separados después de la muerte por consideraciones religiosas!

El entierro musulmán se hace según normas particulares, ya que el muerto musulmán debe estar de cara a la Meca. Está prohibido para las mujeres acompañar al muerto o asistir a su entierro, lo que plantea un problema cuando el difunto no tuvo más que hijas. La desafectación de las tumbas y de los cementerios es muy rara y por razones imperiosas. La incineración está prohibida.

Las autoridades religiosas musulmanas estiman que los musulmanes que viven en países no-musulmanes deben ser enterrados según sus normas religiosas, en cementerios que les sean propios. Si éstos no existen, habría que llevar al difunto a un país musulmán próximo. Pero a raíz de los gastos de traslado, aceptan, por necesidad que sean enterrados en un cementerio no-musulmán. Si hay que escoger entre un cementerio judío y uno cristiano, se opta por el último. Y si hay que escoger entre uno pagano y uno judío, se opta por el judío.

Los musulmanes que viven en Suiza piden que les reserven cementerios para poder ser enterrados según normas religiosas. Pero son raras las comunidades que lo otorgan.

Cierto, una buena cantidad de musulmanes son enterrados en cementerios comunes con los no-musulmanes. Pero la mayoría, por razones religiosas o sentimentales son repatriados a su lugar de origen y enterrados según sus normas. Esto puede plantear problemas administrativos y financieros. Puede ser oportuno, entonces, arreglar esto desde el punto de vista legal, a fin de tomar conciencia y evitarse conflictos a partir de la muerte de un ser querido. Es justamente el caso del cónyuge musulmán desea hacerse incinerar, cuando semejante práctica[45] no es admitida en la comunidad musulmana. Si el cónyuge musulmán desea hacer repatriar el cuerpo, debe firmar un contrato con una compañía de seguro o de pompas fúnebres, ya sea en su país de origen o en Suiza.

Conclusión

El casamiento es siempre una aventura, y su éxito depende en primer lugar de la voluntad y de la comprensión recíproca de los "partenaires". La finalidad de este apunte es de llamar la atención de los futuros cónyuges sobre problemas jurídicos y culturales para que la decisión sea reflexiva y aclarada.

La búsqueda de claridad en las relaciones es lo preferible. Tómense todo el tiempo necesario para hablar con franqueza entre ustedes antes de tomar la decisión! Hay

---

[45] En caso concreto ocurrido en Suiza, la mujer cristiana de un marroquí quería hacerse incinerar y tuvo que ceder frente a las presiones de los musulmanes (Le Matin, 7 y 10.3.2001, artículos de Jean-A. Luque).

muchos organismos que pueden ayudarles e informarles. Les damos una lista ilustrativa. Utilícenla!

Sobre todo, establezcan un contrato delante de escribano público antes del casamiento. Y si no han podido hacerlo antes, háganlo luego del casamiento. Más vale tarde que nunca... Acá, encontrarán un modelo de contrato en seis lenguas.

Sea cual fuere su decisión les deseamos viento a favor y mucha felicidad en la vida.

Modelo de Contrato de casamiento

Este modelo de contrato debería ser llenado por separado por los dos futuros cónyuges que procederán luego a la comparación de sus respuestas. El texto final, aceptado por los dos, debe estar firmado delante de un escribano quien guardará una copia del ejemplar. Tache o modifique los pasajes que no convienen.

1) Celebración del casamiento

Luego de reflexión madura, los que suscriben

Sr.................................   nacido el ....

de nacionalidad ....   de religión ....

Estado civil (soltero, divorciado, viudo)

y

Sra..........................   nacida el ....

de nacionalidad ....   de religión ....

Estado civil (soltero, divorciado, viudo)

han convenido lo que sigue:

El casamiento tiene lugar

En Suiza delante del estado civil ....

en el extranjero (nombre del país) .... delante de ....

El casamiento civil es seguido de una ceremonia religiosa (especificar) ....

ó

El casamiento civil no es seguido de una ceremonia religiosa

Su domicilio común será (nombrar el país) ....

La mujer conservará la nacionalidad suiza

Conserva su apellido de soltera (ó) adopta el apellido del marido.

2) Libertad religiosa de los esposos

Cada uno de los esposos pretende conservar su religión y se compromete a respetar la libertad de religión y de culto del otro, incluido el derecho de cambiar de religión.

El marido y la mujer se comprometen a no imponerse normas relativas al alimento.

3) Fidelidad y monogamia

El marido y la mujer se deben ayuda y fidelidad. Ellos confirman que no están casados en el momento del casamiento. Cada cual se compromete a no casarse con otra persona mientras este matrimonio esté en vigencia. En caso de falsa declaración o de violación del compromiso mencionado, cada uno de los esposos adquiere el derecho de solicitar el divorcio por esta razón.

4) Hijos

El marido y la mujer afirman someterse al examen prenupcial y estar al corriente de esos resultados.

Los hijos serán de religión ....

Se educarán en esta religión. Tendrán el beneficio de la libertad religiosa a partir de los 16 años de edad, incluso el derecho de cambiar de religión, sin ninguna traba de parte de sus padres o de las respectivas familias, conforme el artículo 303, alinea 3 el Código civil suizo.

Los niños llevarán nombres europeos, cristianos, musulmanes, árabes, neutros. La elección del nombre será de común acuerdo de los padres (eventualmente, indicar ya los nombres)

Los niños serán bautizados a la edad de ....

Escogerán libremente ser circuncidados o escindidos a la edad de 18 años, si así lo desean.

Los niños serán escolarizados en escuelas públicas, musulmanas, cristianas, judías.

Los niños estarán inscriptos en el pasaporte de su madre.

5) Relaciones económicas

El marido y la mujer contribuyen sobre la base de la igualdad, según sus medios, en los gastos del hogar y la educación de los niños. Deciden conjuntamente los asuntos de la pareja.

El régimen matrimonial está sometido al derecho suizo. El marido y la mujer optan por el régimen (nombrarlo) ....

6) Normas de vestimentas, trabajo y viaje

El marido y la mujer se comprometen a no imponerse mutuamente, ni a sus niños, normas islámicas de vestimenta, de vida social o de educación escolar y deportiva.

La mujer decide por sí misma su trabajo. No necesita autorización del marido para sus viajes, ni para la obtención de los permisos de viajes para ella misma y para sus hijos.

7) Disolución del casamiento por divorcio o muerte

El marido y la mujer se comprometen a arreglar sus conflictos de manera amigable. En caso de que uno de los dos desee poner fin al matrimonio, se compromete a hacerlo delante del juez y a no usar la repudiación.

Si el marido o ambos cónyuges viven en un país que permite al marido repudiar a su mujer, el marido le concede a la mujer el mismo derecho, sobre él.

En caso de divorcio, la atribución de los niños se hará según la ley suiza y sobre la decisión del juez suizo. Si los niños se los dan a la madre, el padre se compromete a respetar esta decisión y a no quitárselos por razones religiosas, sea cual fuere su lugar de residencia. En caso de muerte de uno de los cónyuges, los niños serán atribuidos al cónyuge sobreviviente.

El reparto de bienes y obligaciones alimentarias entre los esposos estarán arreglados según el derecho suizo, incluso si el marido o los dos esposos residen en un país musulmán.

En todos los casos, los bienes adquiridos durante el casamiento serán considerados como propiedad común de los dos y serán repartidos en partes iguales.

8) Sucesiones

El marido y la mujer someten su sucesión al derecho suizo. Rechazan toda restricción de heredar, basada en el sexo o la religión. En caso de que la sucesión se abran en el extranjero, y que el juez extranjero rechace aplicar el derecho suizo, cada cónyuge reconoce, de antemano, al cónyuge sobreviviente el derecho a un tercio de su herencia neta, luego de la liquidación del régimen matrimonial.

9) Muerte y funerales

Mencionar aquí el acuerdo al que llegan los cónyuges concerniente a los funerales: entierro en el cementerio laico, entierro en un cementerio religioso, repatriación de los restos al país de origen, inhumación, etc.

10) Modificación del presente contrato

El marido y la mujer se comprometen con respetar las cláusulas de este contrato de buena fe. EL presente contrato no puede ser modificado que con el consentimiento libre de ambos cónyuges, delante de escribano.

Nombre del marido

Firma   lugar y fecha ....

Nombre de la esposa

Firma   lugar y fecha ....

1er testigo y dirección ....

Firma   lugar y fecha ....

2do testigo y dirección ....

Firma   lugar y fecha ....

Escribano y dirección ....

Firma   lugar y fecha ....

PS. En caso de que los esposos decidan proceder a una ceremonia religiosa musulmana en Suiza, luego del casamiento civil o de concluir el casamiento religioso o consular en el extranjero, es indispensable mencionar expresamente en el documento establecido, luego de la ceremonia del matrimonio:

- que el contrato de casamiento firmado ante escribano pos ambos cónyuges forma parte de él y
- que en caso de contradicción entre ambos, el presente contrato lo conlleva sobre el documento establecido por la autoridad religiosa o consular.

Modello di contratto matrimoniale

Il presente modello di contratto va compilato separatamente dai due nubendi, i quali procederanno in seguito al confronto delle loro rispettive risposte Il testo finale, accettato da entrambi, va da loro sottoscritto innanzi ad un notaio che ne conserva una copia. Annullare o modificare le parti che non si adattano al caso di specie.

1) Celebrazione del matrimonio

A seguito di debita riflessione, i sottoscritti

Sig..............   Nato il ....

Nazionalità..............   Religione..............

Stato civile (celibe, divorziato, vedovo)

e

Sig.ra..............   Nata il ....

Nazionalità..............   Religione..............

Stato civile (nubile, divorziata, vedova)

hanno convenuto quanto segue:

Il matrimonio sarà celebrato

in Svizzera di fronte all'ufficiale dello stato civile di..............

all'estero (indicare il paese)......   di fronte a....................

Il matrimonio civile sarà seguito da una cerimonia religiosa

(specificare la cerimonia)..............

o

Il matrimonio civile non è seguito da alcuna cerimonia religiosa.

Il domicilio comune degli sposi sarà (indicare il paese)..............

La donna conserva la nazionalità svizzera.

Ella conserva il suo cognome, (ovvero) adotta il cognome del marito.

2) Libertà religiosa di sposi

Ciascun coniuge intende conservare la sua religione e si impegna a rispettare la religione e il culto dell'altro, compreso il diritto di cambiare religione.

Il marito e la moglie si impegnano a non imporsi reciprocamente i principi da essi seguiti in materia di alimentazione.

3) Fedeltà e monogamia

Il marito e la moglie si devono reciprocamente aiuto e fedeltà. Essi dichiarano di non essere, al momento del matrimonio, uniti da altro matrimonio. Ciascuno si impegna a non unirsi in matrimonio ad altra persona fino a quando sussiste il presente matrimonio. In caso di dichiarazione falsa o di violazione del suddetto impegno, ciascuno dei due acquisisce il diritto di chiedere il divorzio per questo motivo.

4) Prole

Il marito e la moglie dichiarano di essersi sottoposti ad esami prenuziali e di esserci reciprocamente informati dei relativi risultati.

I figli saranno di religione...............

Essi saranno allevati nel rispetto di tale religione. Essi acquisteranno la libertà religiosa, compreso il diritto di cambiare religione, a partire dai 16 anni di età, senza alcuna costrizione da parte dei genitori o delle rispettive famiglie, conformemente all'articolo 303, co. 2, del Codice civile svizzero.

I figli porteranno nomi europei, cristiani, musulmani, arabi, neutri. La scelta del nome sarà compiuta d'intesa fra i due genitori (indicare eventualmente i nomi).

I figli saranno battezzati all'età di...............

Essi potranno scegliere liberamente, se lo desiderano, di farsi circoncidere od escidere a partire dall'età di 18 anni.

I figli frequenteranno scuole pubbliche, musulmane, cristiane, ebree.

I figli saranno registrati sul passaporto della madre.

Il coniuge musulmano non si opporrà al matrimonio delle sue figlie con un non-musulmano.

5) Rapporti patrimoniali

Il marito e la moglie contribuiscono in misura eguale, ciascuno proporzionatamente ai suoi mezzi, alle spese della famiglia e alla educazione dei figli. Essi decidono di comune accordo gli affari relativi alla coppia.

Il regime matrimoniale è sottoposto alla legge svizzera. Marito e moglie scelgono il regime (indicare il regime)...............

6) Norme relative all'abbigliamento, al lavoro, ai viaggi

Il marito e la moglie s'impegnano a non imporsi reciprocamente, né ad imporre ai figli, i principi islamici relativi all'abbigliamento o alla vita sociale e all'educazione scolastica e sportiva.

La donna assume da sé le decisioni circa il suo lavoro. Non ha bisogno dell'autorizzazione del marito per viaggiare né per ottenere passaporto o documento di identificazione, per sé e per i figli.

7) Scioglimento del matrimonio per divorzio o decesso

Il marito e la moglie s'impegnano a risolvere amichevolmente i conflitti che abbiano ad insorgere fra di loro. Nell'ipotesi in cui uno dei due desideri sciogliere il matrimonio, si impegna a farlo davanti al giudice e a non fare uso del ripudio.

Se il marito o i due sposi risiedono in un paese che permette al marito di ripudiare la moglie, il marito riconosce per ciò stesso alla moglie il diritto di ripudiarlo alle stesse condizioni.

In caso di divorzio, l'assegnazione dei figli avrà luogo sulla base di una decisione del giudice svizzero presa in conformità alla legge svizzera. Se i figli sono assegnati alla madre, il padre si impegna a rispettare tale decisione e non sottrarglieli, quale che sia il luogo della loro residenza. In caso di decesso di uno dei coniugi, i figli saranno assegnati al coniuge superstite.

La divisione dei beni e gli obblighi alimentari tra i coniugi sono regolati dal diritto svizzero, anche se il marito o i due sposi risiedono in un paese musulmano.

Salvo accordo contrario, i beni acquisiti durante il matrimonio dall'uno o dall'altro coniuge sono considerati di proprietà comune di entrambi e dovranno essere divisi in parti uguali.

8) Successioni

Il marito e la moglie sottopongono la loro successione al diritto svizzero. Essi rigettano qualsiasi limitazione del diritto di succedere fondato sulla religione o sul sesso. Nel caso in cui la successione si sia aperta all'estero, parzialmente o totalmente, e il giudice straniero rifiuti di applicare il diritto svizzero, ciascun coniuge riconosce sin d'ora al coniuge superstite il diritto ad un terzo del valore netto della sua eredità dopo la liquidazione del regime matrimoniale.

9) Decesso e cerimonia funebre

Indicare qui l'accordo al quale sono pervenuti i due coniugi riguardo ai funerali: sepoltura in un cimitero laico, in un cimitero religioso, rimpatrio della salma nel paese di origine, incenerimento, ecc.

10) Modifica del contratto

Il marito e la moglie s'impegnano ad osservare in buona fede i termini del presente contratto. Il presente contratto non può essere modificato se non con il consenso dei due sposi, liberamente manifestato di fronte ad un notaio.

Nome del marito

Sua firma   luogo e data.................

Nome della moglie

Sua firma   luogo e data.................

Nome e indirizzo del 1 testimone

Sua firma   luogo e data.................

Nome e indirizzo del 2 testimone

Sua firma   luogo e data.................

Nome e indirizzo del notaio

Sua firma   luogo e data.................

P.S.: Nel caso in cui gli sposi decidano di procedere ad una cerimonia religiosa musulmana in Svizzera dopo il matrimonio civile o di concludere un matrimonio religioso o consolare all'estero, è indispensabile indicare espressamente nel documento redatto a seguito della cerimonia o del matrimonio:

- che il presente contratto sottoscritto dai due sposi di fronte al notaio ne è parte integrante, e
- che in caso di contraddizione tra i due documenti, il presente contratto prevale sul documento redatto dall'autorità religiosa o consolare.

Modèle de contrat de mariage

Ce modèle de contrat devrait être rempli séparément par les deux futurs conjoints qui procèdent ensuite à la comparaison de leurs réponses. Le texte final accepté par les deux doit être signé devant un notaire qui en garde un exemplaire. Biffez ou modifiez les passages qui ne conviennent pas.

1) Célébration du mariage

Après mûre réflexion, les soussignés

M............   Né le.....................

Nationalité...........   Religion.................

Etat civil (célibataire, divorcé, veuf)

et

Mme...........   Née le...................

Nationalité..............   Religion.................

Etat civil (célibataire, divorcée, veuve)

ont convenu de ce qui suit:

Le mariage a lieu

en Suisse   devant l'état civil de ....

à l'étranger (nom du pays) .... devant ....

Le mariage civil est suivi d'une cérémonie religieuse

(spécifier la cérémonie) ....

ou

Le mariage civil n'est pas suivi d'une cérémonie religieuse.

Leur domicile commun sera (nommer le pays) ....

La femme garde la nationalité suisse.

Elle garde son nom de famille, (ou) elle adopte le nom de famille de son mari.

2) Liberté religieuse des époux

Chacun des époux entend garder sa religion et s'engage à respecter la liberté de religion et de culte de l'autre, y compris le droit de changer de religion.

Le mari et la femme s'engagent à ne pas imposer l'un à l'autre leurs normes relatives à la nourriture.

3) Fidélité et monogamie

Le mari et la femme se doivent aide et fidélité. Ils attestent qu'ils ne sont pas déjà mariés au moment du mariage. Chacun s'engage à ne pas épouser une autre personne tant que ce mariage est maintenu. En cas de fausse attestation ou de violation de l'engagement mentionné, chacun des deux partenaires acquiert le droit de demander le divorce pour cette raison.

4) Enfants

Le mari et la femme affirment s'être soumis à des examens prénuptiaux et s'être mis au courant des résultats de ces examens.

Les enfants seront de religion ....

Ils seront éduqués dans cette religion. Ils bénéficieront de la liberté religieuse à partir de l'âge de 16 ans, y compris le droit de changer de religion, sans aucune contrainte de la part des parents ou de leurs familles respectives, conformément à l'article 303 alinéa 3 du Code civil suisse.

Les enfants porteront des prénoms européens, chrétiens, musulmans, arabes, neutres. Le choix du prénom sera fait d'entente entre les deux parents (éventuellement indiquer déjà les prénoms).

Les enfants seront baptisés à l'âge de ....

Ils choisiront librement de se faire circoncire ou exciser dès l'âge de 18 ans s'ils le souhaitent.

Les enfants seront scolarisés dans des écoles publiques, musulmanes, chrétiennes, juives.

Les enfants seront inscrits sur le passeport de leur mère.

Le conjoint musulman ne s'opposera pas au mariage de ses filles avec un non-musulman.

5) Rapports économiques

Le mari et la femme contribuent sur une base d'égalité, chacun selon ses moyens, aux dépenses du ménage et à l'éducation des enfants. Ils décident conjointement des affaires du couple.

Le régime matrimonial est soumis au droit suisse. Le mari et la femme optent pour le régime (nommer le régime) ....

6) Normes vestimentaires, travail et voyage

Le mari et la femme s'engagent à ne pas s'imposer mutuellement, ni à leurs enfants, des normes islamiques concernant les vêtements, la vie sociale ou l'éducation scolaire et sportive.

La femme décide elle-même de son travail. Elle n'a pas besoin de l'autorisation du mari pour ses voyages et l'obtention des titres de voyages et d'identité pour elle-même et pour ses enfants.

7) Dissolution du mariage par le divorce ou le décès

Le mari et la femme s'engagent à régler leurs conflits à l'amiable. Au cas où l'un des deux souhaiterait mettre fin au mariage, il s'engage à le faire devant le juge et à ne pas faire usage de la répudiation.

Si le mari ou les deux conjoints résident dans un pays qui permet au mari de répudier sa femme, le mari reconnaît de ce fait à sa femme le droit de le répudier aux mêmes conditions que lui.

En cas de divorce, l'attribution des enfants se fera selon la loi suisse et sur décision du juge suisse. Si les enfants sont attribués à la mère, le père s'engage à respecter cette décision et à ne pas les lui retirer, quel que soit leur lieu de résidence. En cas de décès d'un conjoint, les enfants seront attribués au conjoint survivant.

Le partage des biens et les obligations alimentaires entre les époux seront réglés selon le droit suisse, même si le mari ou les deux époux résident dans un pays musulman.

Sauf accord contraire, les biens acquis pendant le mariage par l'un ou l'autre conjoint sont considérés comme propriété commune des deux et seront partagés à égalité.

8) Successions

Le mari et la femme soumettent leurs successions au droit suisse. Ils rejettent toute restriction au droit d'hériter basée sur la religion ou le sexe. Au cas où la succession est ouverte à l'étranger, partiellement ou totalement, et que le juge étranger refuse d'appliquer le droit suisse, chaque conjoint reconnaît d'avance au conjoint survivant le droit au tiers de son héritage net après liquidation du régime matrimonial.

9) Décès et funérailles

Mentionner ici l'accord auquel sont arrivés les deux conjoints concernant les funérailles: enterrement dans un cimetière laïc, enterrement dans un cimetière religieux, transfert du corps dans le pays d'origine, incinération, etc.

10) Modification du présent contrat

Le mari et la femme s'engagent à respecter les clauses de ce contrat de bonne foi. Le présent contrat ne peut être modifié qu'avec le consentement libre des deux conjoints, devant un notaire.

Nom du mari

Sa signature   lieu et date ....

Nom de sa femme

Sa signature   lieu et date ....

Nom du 1er témoin et son adresse

Sa signature   lieu et date ....

Nom du 2ème témoin et son adresse

Sa signature   lieu et date ....

Nom du notaire et son adresse

Sa signature   lieu et date ....

P.S.: Au cas où les époux décident de procéder à une cérémonie religieuse musulmane en Suisse après le mariage civil ou de conclure un mariage religieux ou consulaire à l'étranger, il est indispensable de mentionner expressément dans le document établi à la suite de la cérémonie ou du mariage:

- que le contrat de mariage signé devant notaire par les deux conjoints en fait partie intégrante et

- qu'en cas de contradiction entre les deux, ce contrat doit l'emporter sur le document établi par l'autorité religieuse ou consulaire.

Muster-Ehevertrag

Der Mustervertrag sollte durch die künftigen Ehepartner separat ausgefüllt werden, bevor sie die Antworten miteinander vergleichen. Der definitive Text, mit dem beide Partner einverstanden sind, ist vor einem Notar zu unterzeichnen. Ein Exemplar bleibt beim Notar. Nichtzutreffendes ist zu streichen oder abzuändern.

1) Trauung

Nach reiflicher Überlegung haben die Unterzeichnenden

Herr ....   Geboren am ....

Nationalität ....   Religion ....

Zivilstand (ledig, geschieden, verwitwet)

und

Frau ....   Geboren am ....

Nationalität ....   Religion ....

Zivilstand: ledig, geschieden, verwitwet

sich entschlossen:

die Ehe einzugehen

in der Schweiz   vor dem Zivilstandsamt in ....

im Ausland (Name des Landes) ....   vor ....

Anschliessend an die zivile Eheschliessung folgt eine religiöse Zeremonie (Art der Zeremonie) ....

oder

Der Ziviltrauung folgt keine religiöse Zeremonie.

Gemeinsamer Wohnsitz wird sein

(hier ist das Land einzusetzen) ....

Die Frau behält das schweizerische Bürgerrecht.

Sie behält ihren Familiennamen, (oder) sie nimmt den Namen ihres Mannes an.

2) Religionsfreiheit der Ehegatten

Jeder Ehegatte beabsichtigt, seine eigene Religion beizubehalten und verpflichtet sich, die Freiheit des anderen zum Glauben und zum Gottesdienstbesuch zu respektieren, einschliesslich seines Rechtes, die Religion zu wechseln.

Mann und Frau verpflichten sich, ihre Nahrungsvorschriften dem Partner nicht aufzuzwingen.

3) Treue und Monogamie

Mann und Frau schulden sich gegenseitig Unterstützung und Treue. Sie bezeugen, dass sie im Zeitpunkt der Eheschliessung nicht bereits verheiratet sind. Jeder verpflichtet sich, keine andere Person zu heiraten, solange diese eheliche Verbindung aufrechterhalten bleibt. Im Falle falscher Angaben oder bei Nichteinhalten der hiervor erwähnten Verpflichtungen ist jeder Partner berechtigt, allein aus diesem Grunde die Scheidung zu verlangen.

4) Kinder

Mann und Frau bestätigen, dass sie sich vorehelich medizinisch haben untersuchen lassen und den Partner über das Ergebnis dieser Untersuchungen informiert haben.

Die Kinder werden folgender Religion zugehören ....…………….

Sie werden in dieser Religion erzogen werden. Ab ihrem 16. Lebensjahr haben sie in Übereinstimmung mit Artikel 303 Absatz 3 des Schweizerischen Zivilgesetzbuches das Recht, über ihre Religionszugehörigkeit oder einen Religionswechsel selbständig und frei, ohne jeden Druck seitens der Eltern oder ihrer Familien, zu entscheiden.

Die Kinder werden europäische, christliche, muslimische, arabische, neutrale Vornamen tragen. Der Vorname wird einvernehmlich durch die Eltern bestimmt (ev. bereits die Vornamen wählen).

Die Kinder werden im Alter von ….....…… Jahren getauft werden.

Nach dem vollendeten 18. Lebensjahr werden sie frei wählen können, ob sie sich beschneiden lassen möchten oder nicht.

Die Kinder werden staatliche, muslimische, christliche, jüdische Schulen besuchen.

Die Kinder werden im Pass ihrer Mutter eingetragen.

Der muslimische Partner wird sich der Heirat seiner Töchter mit einem Nichtmuslim nicht widersetzen.

5) Wirtschaftliche Beziehungen

Mann und Frau tragen beide in gleicher Weise, jeder entsprechend seinen Mitteln, zu den Kosten für die Haushaltführung und die Erziehung der Kinder bei. Sie entscheiden gemeinsam über Geschäfte, die das Paar angehen.

Der Güterstand untersteht dem schweizerischen Recht. Der Mann und die Frau wählen folgenden Güterstand (Name des Güterstands)………….

6) Kleidervorschriften, berufliche Tätigkeit, Reisen

Die Ehegatten verpflichten sich, weder dem Ehepartner noch den Kindern muslimische Normen bezüglich der Kleidung, des gesellschaftlichen Lebens oder der schulischen und sportlichen Erziehung aufzuzwingen.

Die Frau entscheidet allein über ihre berufliche Tätigkeit. Sie benötigt keine Bewilligung ihres Ehemanns, um Reisen zu unternehmen oder Reise- und Ausweispapiere für sich selbst und ihre Kinder zu erhalten.

7) Auflösung der Ehe durch Scheidung oder Tod

Mann und Frau verpflichten sich, Konflikte gütlich zu bereinigen. Wenn einer von beiden die Ehe auflösen will, verpflichtet er sich, dies vor dem Richter zu tun und keinen Gebrauch von der Verstossung zu machen.

Wenn der Mann oder beide Ehegatten in einem Land leben, wo die Verstossung durch den Mann erlaubt ist, so gesteht der Mann seiner Frau das Recht zu, ihn zu gleichen Bedingungen zu verstossen.

Bei Scheidung erfolgt die Zuteilung der Kinder nach schweizerischem Recht und durch Urteil eines schweizerischen Richters. Werden die Kinder der Frau zugeteilt, so verpflichtet sich der Vater, dieses Urteil zu respektieren und ihr die Kinder nicht wegzunehmen, wo immer auch ihr Wohnort sei. Beim Tod eines Ehegatten werden die Kinder dem überlebenden Gatten zugeteilt.

Die Vermögensaufteilung und die Regelung der Unterhaltspflichten zwischen den Gatten richten sich nach den Grundsätzen des schweizerischen Rechts, auch dann, wenn der Mann oder beide Ehegatten in einem muslimischen Staat leben.

Ausser wenn die Partner etwas anderes bestimmt haben, werden die durch den einen oder anderen Partner während der Ehe erzielten Gewinne als gemeinschaftliches Eigentum betrachtet, das gleichmässig auf die Eheleute aufgeteilt wird.

8) Erbschaft

Der Mann und die Frau unterstellen ihre Erbschaft dem schweizerischen Recht. Sie lehnen jegliche Einschränkungen der Erbfolge aus Gründen der Religion und des Geschlechts des Erben ab. Wird der Nachlass im Ausland eröffnet und lehnt der ausländische Richter es ab, das schweizerische Erbrecht anzuwenden, so anerkennt der vorversterbende Ehegatte im Voraus, dass ein Drittel der Erbschaft als Vermächtnis an den überlebenden Ehegatten gehen soll.

9) Tod und Begräbnis

Hier ist die zwischen den Ehepartnern getroffene Vereinbarung betr. das Begräbnis festzuhalten: Begräbnis in einem konfessionslosen Friedhof, einem kirchlichen Friedhof, Transfer des Leichnams in sein Heimatland, Kremation, etc.

10) Änderung des vorliegenden Vertrages

Mann und Frau verpflichten sich, die in diesem Vertrag getroffenen Vereinbarungen nach Treu und Glauben zu respektieren. Der vorliegende Vertrag kann nur in freiem Einverständnis beider Ehepartner und vor einem Notar abgeändert werden.

Name des Mannes

Seine Unterschrift   Ort und Datum ....

Name der Frau

Ihre Unterschrift   Ort und Datum ....

Name des 1. Zeugen und seine Adresse

Seine Unterschrift   Ort und Datum ....

Name des 2. Zeugen und seine Adresse

Seine Unterschrift   Ort und Datum ....

Name des Notars und seine Adresse

Seine Unterschrift   Ort und Datum ....

P.S.: Sollte das Paar sich entschliessen, nach der zivilen Trauung eine religiöse islamische Zeremonie in der Schweiz zu feiern oder sich im Ausland religiös oder konsularisch trauen zu lassen, so muss im Dokument, das im Anschluss daran erstellt wird, unbedingt festgehalten werden:

- dass der durch die beiden Ehepartner vor einem Notar unterzeichnete Vertrag ein integrierender Bestandteil dieses Dokumentes ist;
- dass dieser Ehevertrag den Vorrang haben soll, wenn seine Bestimmungen dem Dokument widersprechen, das durch die religiöse oder konsularische Behörde ausgestellt wurde.

Model marriage contract

This model contract should be separately completed by each of the two future spouses, who then compare their answers. The agreed final text should be signed before a notary, who will retain a copy of it. Please cancel or modify any passages which you consider to be inappropriate.

1) Celebration of the marriage

After due consideration, the undersigned

Mr.............   Born on ....

Nationality..............   Religion..............

Civil status (single, divorced, widowed)

and

Mrs..............   Born on ....

Nationality..............   Religion..............

Civil status (single, divorced, widowed)

have agreed as follows:

Their marriage shall take place

in Switzerland   in the civil registry at..............

abroad (name of the country)...... before...............

The civil ceremony shall be followed by a religious ceremony (specify the ceremony).........

or

The civil ceremony shall not be followed by a religious ceremony.

Their common domicile will be (name the country)...............

The wife keeps her Swiss nationality.

She will retain her family name, (or) she will adopt the family name of her husband.

2) Religious freedom of spouses

Each spouse will retain his or her current religion and undertakes to respect the freedom of religion and worship of the other spouse, including the right to change religion.

Each of the spouses undertakes to refrain from imposing his or her dietary norms upon the other.

3) Fidelity and monogamy

The husband and the wife owe each other support and fidelity. Each of them attests that he or she is not married to another person at the time of entering into the present marriage. Each of them undertakes not to marry another person for so long as the present marriage continues. In case of a false attestation or violation of this undertaking by either spouse, the other spouse shall have the right to apply for a divorce on this ground.

4) Children

The husband and the wife affirm that they have submitted to premarital examinations and have informed each other of the results of these examinations.

The children's religion will be...............

They will be educated in this religion. They will have the benefit of religious freedom when they attain the age of sixteen years, including the right to change religion, without constraint on the part of either parent or of their respective families, in conformity with article 303, paragraph 3 of the Swiss Civil Code.

The children will bear European, Christian, Muslim, Arabic, neutral first names. The choice of the first name will be made by agreement between the two parents (any mutually acceptable first names of boys or girls may be mentioned here: ....).

Each of the children will be baptised at the age of...............

The children will be free to choose to be circumcised or excised when they attain the age of eighteen years, if they so desire.

The children will be educated in public, Muslim, Christian, Jewish schools.

Each of the children will be included on his or her mother's passport.

The Muslim spouse will not oppose any marriage of his or her daughters with a non-Muslim.

5) Economic relations

Each of the spouses shall contribute on the basis of equality, each according to his or her respective means, to the expenses of the household and to the education of the children. They shall jointly decide all matters affecting the couple.

Their matrimonial property rights shall be governed by Swiss law. The spouses hereby opt for the (please name the chosen matrimonial property relationship)...............

6) Sartorial norms, work and travel

The husband and the wife each undertake not to impose Islamic norms concerning clothing, social life, or education (including physical education), upon one another or upon their children,.

The wife will determine her own occupational activities. She shall not require the husband's authorization in order to travel or to obtain transportation tickets and identity documents for herself and for her children.

7) Dissolution of the marriage

The husband and the wife undertake to resolve their differences amicably. In the event that either spouse should wish to terminate the marriage, he/she undertakes to initiate judicial proceedings and not to resort to repudiation.

If the husband or both of the spouses are resident in a jurisdiction which allows the husband to repudiate his wife, the husband hereby accords his wife the right to repudiate him under the same conditions.

In case of divorce, the custody of any children of the marriage will be determined according to Swiss law and by order of a Swiss court. If children are assigned to the mother, the father undertakes to respect that decision and not to take them away from her, whatever is their place of residence. In case of the death of either spouse, custody of the children will be held by the surviving spouse.

The distribution of assets and payment of any maintenance between the spouses will be determined according to Swiss law, even if the husband or both of the spouses reside in a Muslim country.

Assets acquired during the marriage by one or other of the spouses shall be considered as common property of the two spouses and shall be shared equally, unless the two spouses have decided otherwise.

8) Inheritance

The husband and the wife hereby choose Swiss law to govern their successions. They reject any restriction upon the right to inherit which is based on religion or sex. For the event that the succession is administered abroad, partially or completely, and that the relevant foreign legal system prevents the application of Swiss law, each of the spouses hereby makes an advance testamentary allocation to the

47

surviving spouse of one third of his net estate after satisfaction of all matrimonial property rights and obligations.

9) Death and funeral ceremony

The spouses have reached the following agreement concerning their funerals: burial in a secular cemetery, burial in a religious cemetery, repatriation of mortal remains to the country of origin, cremation, etc.

10) Modification of the present contract

The husband and the wife each commit themselves to respect the terms of this contract in good faith. The present contract cannot be modified other than with the free consent of the two spouses, given before a notary.

Name of the husband

His signature   place and date.................

Name of the wife

Her signature   place and date.................

Name and address of the 1st witness

Signature   place and date.................

Name and address of the 2nd witness

Signature   place and date.................

Name and address of the notary

Signature   place and date.................

P.S.: In the event that the spouses decide to proceed with a Muslim religious ceremony after the civil ceremony or to conclude a religious or consular marriage abroad, it will be indispensable to expressly mention in the document which evidences that ceremony or marriage:

-   that this premarital contract signed by the two spouses before a notary is an integral part of their agreement to marry, and
-   that in case of any discrepancy between the two, the present contract shall have priority over the document executed by the religious or consular authority.

نموذج عقد زواج

على الطرفين تعبئة هذا النموذج كل من جهته ثم مقارنة أجوبتهما. كما يجب إمضاء النص النهائي المتفق عليه من الطرفين أمام كاتب عدل الذي يحتفظ بنسخة منه. الرجاء شطب أو تغيير ما هو غير ملائم.

1) مراسيم الزواج

بعد تفكير ناضج قرر الموقعان

السيد ....   المولود في ....

جنسيته ....   ديانته ....

الحالة المدنية (أعزب، مطلق، أرمل)

و

السيدة .... المولودة في ....

جنسيتها............. ديانتها ....

الحالة المدنية (عزباء، مطلقة، أرملة)

ما يلي

تتم مراسيم الزواج في

سويسرا أمام مكتب الحالة المدنية.............

في الخارج (ذكر البلد).............أمام ....

سوف تتبع مراسيم الزواج المدني مراسيم دينية (ذكر نوعية المراسيم).............

أو

لن تتبع مراسيم الزواج المدني مراسيم دينية.

سوف يكون مسكنهما المشترك في (ذكر البلد) ....

تحتفظ الزوجة بجنسيتها السويسرية.

تحتفظ الزوجة باسمها العائلي، (أو) تأخذ اسم زوجها العائلي.

2) الحرية الدينية للزوجين

يحتفظ كل من الزوجين بديانته ويتعهد باحترام ديانة الطرف الآخر وحقه في العبادة، بما في ذلك الحق في تغيير ديانته.

يتعهد كل من الزوجين بعدم فرض عاداته الغذائية على الطرف الآخر.

3) الأمانة وعدم تعدد الزوجات

يتعهد كل من الزوجين التعاون والأمانة نحو الطرف الآخر. ويقران بأنهما غير مرتبطين بزواج آخر وقت مراسيم الزواج. ويتعهد كل منهما بعدم عقد زواج آخر ما دام هذا الزواج قائم. في حال إقرار كاذب أو عدم احترام هذا التعهد، لكل من الزوجين الحق في طلب الطلاق لهذا السبب.

4) الأولاد

يقر كل من الزوجين بأنهما قاما بالفحوصات الطبية قبل الزواج وأنهما أطلعا الطرف الآخر على نتائج هذه الفحوصات.

ينتمي الأولاد للديانة.............

سوف يتم تربية أولادهما وفقاً لهذه الديانة ويتمتع الأولاد بالحرية الدينية عند بلوغهم سن السادسة عشرة، بما في ذلك حق تغيير ديانتهم، دون أي ضغط من طرف الوالدين أو عائلتيهما، وذلك وفقاً للفقرة الثالثة من المادة 303 من القانون المدني السويسري.

يحمل الأطفال أسماء أوروبية، مسيحية، إسلامية، عربية، محايدة. يتم اختيار الأسماء بموافقة الوالدين (ذكر بعض الأسماء للبنين والبنات).

سوف يتم تعميد الأولاد في سن ....

يختار الأولاد بكل حرية الختان عند بلوغهم سن الثامنة عشرة إذا أرادوا ذلك.

يلتحق الأولاد بالمدارس العامة، الإسلامية، المسيحية، اليهودية.

يتم تسجيل الأولاد في جواز الأم.

لن يعترض الطرف المسلم على زواج بناته من غير مسلمين.

49

5) العلاقات المالية

يشارك كل من الزوجين على قدم المساواة ووفقاً لإمكانيات كل منهما في مصارف البيت وتربية الأولاد. ويتخذان معاً القرارات بخصوص شئونهما.

يخضع النظام المالي للقانون السويسري. ويختار الزوجان نظام (ذكر النظام المالي)...............

6) نظام الملابس والعمل والسفر

يتعهد كل من الزوجين بعدم فرض نظام الملابس الإسلامية على بعضهما أو على أولادهما أو النظام الاجتماعي الإسلامي بخصوص تربية الأولاد أو الرياضة.

تقرر الزوجة بنفسها مجال عملها ولا تحتاج إلى إذن زوجها للسفر أو للحصول على وثائق السفر أو الوثائق الشخصية فيما يخصها ويخص أولادها.

7) انحلال الزواج من خلال الطلاق أو الوفاة

يتعهد كل من الزوجين حل مشاكلهما بالوسائل الودية. وإذا أراد أحد الزوجين إنهاء الزواج فإنه يتعهد القيام بذلك أمام المحكمة وليس بواسطة نظام الطلاق الإسلامي.

إذا كان الزوج أو كل من الزوجين في بلد يسمح للزوج تطليق زوجته بواسطة نظام الطلاق الإسلامي، فإن الزوج يقر لزوجته بحق تطليقه بنفس الشروط التي تنطبق عليه.

في حالة الطلاق، يتم تقرير منح الأولاد وفقاً للقانون السويسري ووفقاً لقرار المحكمة السويسرية. وإذا تم منح الأولاد للأم، يتعهد الزوج باحترام هذا القرار وعدم حرمانها من أطفالها مهما كان مكان إقامتهما. وفي حالة وفاة أحد الزوجين، يمنح الأولاد للزوج الآخر.

يتم تقسيم الأموال وواجبات الإعالة بين الزوجين وفقاً للقانون السويسري حتى وإن كانت إقامة الزوج أو الزوجين في بلد مسلم.

في حال عدم الاتفاق على عكس ذلك، تعتبر الأموال التي أكتسبها الزوجان خلال الزوجية ملكاً مشتركاً لهما ويتم تقسيمها بالتساوي.

8) الميراث

يخضع ميراث الزوج والزوجة للقانون السويسري ويرفضان كل انتقاص في الإرث بسبب الدين أو الجنس. وإذا تم فتح الميراث خارج سويسرا، كاملاً أو جزئياً، ورفضت المحكمة تطبيق القانون السويسري، فإن كل من الزوجين يقر للزوج الآخر بثلث ميراثه بعد تصفية النظام المالي.

9) الوفاة والدفن

أذكر هنا اتفاق الزوجين بخصوص الدفن: في مقبرة علمانية، في مقبرة دينية، نقل الجثة لبلد الأصل، الحرق، الخ.

10) تعديل هذا العقد

يتعهد كل من الزوجين احترام ما جاء في هذا العقد بحسن نية. ولا يمكن تغيير هذا العقد إلا بموافقة الزوجين وبصورة حرة أمام كاتب عدل.

اسم الزوج

إمضاؤه   المكان والتاريخ...............

اسم الزوجة

إمضاؤها   المكان والتاريخ...............

اسم الشاهد الأول

إمضاؤه   المكان والتاريخ...............

اسم الشاهد الثاني

إمضاؤه   المكان والتاريخ...............

اسم كاتب العدل

إمضاؤه   المكان والتاريخ...............

ملاحظة هامة: إذا قرر الزوجان القيام بمراسيم إسلامية في سويسرا بعد المراسيم المدنية أو عقد زواج ديني أو قنصلي في الخارج، لا بد من التوضيح في الوثيقة التي يتم وضعها بعد تلك المراسيم أو ذاك الزواج:

- بأن عقد الزواج الذي تم التوقيع عليه أمام كاتب العدل هو جزء لا يتجزأ من تلك الوثيقة.

- وأنه في حالة تناقض بين الوثيقة وهذا العقد فإن لهذا العقد الأولوية على الوثيقة التي تم وضعها أمام السلطة الدينية أو القنصلية.

51

Direcciones de organismos de consulta

El artículo 171 del Código civil suizo dice: "Los cantones velan para que los cónyuges puedan, en las dificultades de su vida de esposos dirigirse, juntos o separados, a las oficinas de consulta conyugal o familiar".

Les damos aquí una lista indicativa de organismos (direcciones y números de teléfono y de faxes sujetos a modificación) que pudieran ser consultados, no sólo cuando la pareja tiene difiicultades durante el matrimonio, sino antes del mismo. En lo que respecta cuestiones religiosas, es posible informarse en lso centros de preparación para el casamiento de las parroquias de las parejas en cuestión. Estas parroquias prevén a veces, encuentros de preparación para el casamiento. Los interesados dirigirse también a la Fundación cultural islámica (ch. Colladon 34, Petit-Saconnex, 1209 Ginebra, tel. 022/ 798 37 11, fax 022/7984938) para obtener la dirección del centro islámico más cercano a su lugar de residencia.

Algunos de estos organismos están ligados a iglesias, otros, son laicos. Algunos prevén pagos de honorarios o una contribución financiera, otros asisten a título gratuito. Pero en todos los casos, un buen consejo, incluso pago, resulta menos caro que un problema posterior. Los interesados pueden dirigirse al Centro de derecho árabe y musulmán (www.sami-aldeeb.com) para informaciones más amplias sobre el país del cónyuge musulmán.

- Bâle: Beratungsstelle für Frauen der Evang.-ref. Kirche, Maiengasse 64, 4009 Bâle, tél. 061/3828729.
- Bâle: Beratungsstelle für Frauen, Kath. Frauenbund, Birmannsgasse 34, 4055 Bâle, tél. 061/2723539.
- Bâle: COMPAGNA Sektion Basel-Stadt. Beratungsstelle für Binationale Paare und Familien, Steinengraben 69, 4051 Bâle, tél. 061/2713349.
- Bâle: IG Binational, Verein binationaler Partnerschaften und Familien, Postfach, 8021 Zürich, 01/3226777. (Pour l'adresse à Bâle, prière de contacter le groupe zurichois)
- Bâle: IRAS, Heidi Rudolf, St-Katharinawerk, Holeestr. 123, 4054 Bâle, tél. 061/3072250.
- Bellinzona: Consultorio familiare, Viale Motta 3a, 6500 Bellinzona, tél. 091/8262144.
- Berne: Auskunftsstelle "Ehen mit Ausländern", Beratungsstelle frabina, Schweizerischer Evangelischer Verband Frauenhilfe, Sektion Bern, Laupenstrasse 2, 3008 Berne, tél. 031/3812701.
- Berne: Commission fédérale des étrangers, Monbijoustrasse 49, 3003 Berne, tél. 031/3259116.

- Berne: IG Binational, Verein binationaler Partnerschaften und Familien, Postfach, 8021 Zürich, tél. 01/3226777 (Pour l'adresse à Berne, prière de contacter le groupe zurichois)
- Berne: Schweizerische Stiftung Zämeläbe, Waffenweg 15, 3014 Berne, tél. 031/3301010.
- Berne: Secrétariat des Suisses de l'étranger, Alpenstrasse 26, 3000 Berne 16, tél. 031/3516100.
- Bex: Consultations conjugales Profa, av. de la Gare 14, 1880 Bex, tél. 021/4630363.
- Chaux-de-Fonds: Centre social protestant, Consultation conjugale, juridique et sociale, Rue du Temple-Allemand 23, 2300 Chaux-de-Fonds, tél. 032/9683731.
- Chaux-de-Fonds: Service de consultations conjugales, Rue du Collège 9, 2300 Chaux-de-Fonds, tél. 032/9197519.
- Chavannes: Centre de préparation au mariage, M. et Mme Claude et Anne-Marie Médico, Rue centrale 30, 1022 Chavannes, tél. 021/6346230.
- Delémont: Service de consultation conjugale et familiale de l'Eglise catholique, Ch. de Bellevoic 8, 2800 Delémont, tél. 032/4225429.
- Echarlens: Centre de préparation au mariage, M. l'Abbé Gaston Thiémard, Au village, 1646 Echarlens, tél. 026/9152078.
- Fribourg: Service de consultation conjugale, R. Romont 14, 1700 Fribourg, tél. 026/3225477.
- Genève: Centre d'information familiale et de régulation des naissances (CI-FERN), 47 Boulevard de la Cluse, 1205 Genève, tél. 022/3210191, fax 022/3210221.
- Genève: Centre social protestant, consultation conjugale, familiale, juridique et sociale, 14 Rue du Village-Suisse, 1211 Genève 8, tél. 022/8070700, fax 022/8070701.
- Genève: Couple et famille: Consultation au service du couple et de la famille, 12 Adrien Lachenal, 1207 Genève, tél. 022/7361455, fax 022/7360821.
- Genève: Ecole des parents, Rue de la Servette 91, 1202 Genève, tél. 022/7331200.
- Genève: F-Information: dialogue, orientation, documentation pour les femmes et leur famille, Rue de la Servette 19, Case postale 125, 1211 Genève 7, tél. 022/7403100, fax 022/7403144.
- Genève: Fondation suisse du Service social international, Branche suisse, Rue Alfred-Vincent 10, 1201 Genève, tél. 022/7316700, fax 022/7316765.
- Genève: Office protestant de consultation conjugale et familiale, 10 R. de la Madeleine, 1204 Genève, tél. 022/3118211, fax 022/3122979.

- Grison: IG Binational, Verein binationaler Partnerschaften und Familien, Postfach, 8021 Zürich, 01/3226777 (Pour l'adresse en Grison, prière de contacter le groupe zurichois).
- Langnau: IG Binational, Verein binationaler Partnerschaften und Familien, Postfach, 8021 Zürich, 01/3226777. (Pour l'adresse à Langnau, prière de contacter le groupe zurichois)
- Lausanne: Appartenances, chemin des Terreaux, C.P. 52, 1000 Lausanne 9, tél. 021/3411250, fax 021/3411252.
- Lausanne: Bureau Information Femmes, Av. Eglantine 6, Lausanne, tél. 021/3200404.
- Lausanne: Caritas Vaud, Secrétariat et service social, rue Dr César-Roux 8, Case postale 237, 1000 Lausanne 17, tél. 021/3203461, fax 021/3203401.
- Lausanne: Centre social protestant, Consultation conjugale, juridique et sociale, Rue Beau-Séjour 28, 1003 Lausanne, tél. 021/3205681.
- Lausanne: Institut suisse de droit comparé, Dorigny, 1015 Lausanne, tél. 021/6924911, fax 021/6924949.
- Lausanne: Profa, consultation conjugale, Av. Georgette 1, 1005 Lausanne, tél. 021/3122458, fax 021/3122654.
- Locarno: Centro studi coppia & famiglia, Via S. Francesco 4, 6600 Locarno, tél. 091/7522928.
- Lucerne: Migratio Kommission der Schweizer Bischofskonferenz, Neustadtstr. 7, 6003 Lucerne, tél. 041/2100347.
- Lugano: Comunità familiare, Via Trevano 13, 6900 Lugano, tél. 091/9233094.
- Martigny: Centre SIPE, consultation conjugale, planning familial, centre de grossesse, éducation sexuelle, Avenue de la Gare 38, 1920 Martigny, tél. 027/7228717.
- Mendrisio-Borgo: Centro coppia & familia, Palazzo Pollini, 6850 Mendrisio-Borgo, tél. 091/6460414.
- Le Mont-Pélerin: Centres de préparation au mariage de la suisse romande, M. et Mme Françoise et Walter Coninckx, route de Baumaroche 38A, 1801 Le Mont-Pélerin (vous pouvez obtenir à cette adresse les noms des centres oeuvrant en Suisse romande).
- Monthey: Consultation conjugale, Centre SIPE, rue du Fay 2B, 1870 Monthey, tél. 024/ 471 00 13, fax 024/4710014.
- Montreux: Administration communale de Montreux, consultation conjugale, Avenue des Alpes 18, 1820 Montreux, tél. 021/9627830.
- Morges: Consultations conjugales Profa, Rue Couvaloup 10, 1110 Morges, tél. 021/8033838.
- Moutier: Centre social protestant Berne-Jura, Consultation conjugale, juridique, sociale et familiale, Rue centrale 59, 2740 Moutier, tél. 032/4933221.

- Neuchâtel: Centre social protestant, Rue des Parcs 11, 2000 Neuchâtel, tél. 032/7251155.
- Neuchâtel: Service de consultations conjugales, rue Pourtalès 1, 2000 Neuchâtel, tél. 032/919 75 19.
- Nyon: Consultations conjugales Profa, Rue Juste-Olivier 7, 1260 Nyon, tél. 022/3621474.
- Payerne: Eglise Evangélique Réformée, Maison de paroisse, Consultation conjugale, juridique et sociale, Rue des Rammes 11, 1530 Payerne, tél. 026/6601530.
- Porrentruy: Service de consultation conjugale et familiale de l'Eglise catholique, Rue Thurmann 6, 2800 Porrentruy, tél. 032/4225429.
- Saignelégier: Service de consultation conjugale et familiale de l'Eglise catholique, Rue de la Gruyère 6, 2350 Saignelégier, tél. 032/4225429.
- Sierre: Centre SIPE, consultation conjugale et planning familial, Place de la gare 10, 3960 Sierre, tél. 027/4565453.
- Sion: Centre SIPE, consultation conjugale et planning familial, Rue des Remparts 6, 1950 Sion, tél. 027/3229244.
- St-Gall: Auskunftsstelle "Ehen mit Ausländern", Beratungsstelle und Sozialdienst für Frauen und Familien, Frongartenstrasse 16, 9000 St-Gall, 071/2280980.
- St-Gall: IG Binational, Verein binationaler Partnerschaften und Familien, Postfach, 8021 Zürich, 01/3226777. (Pour l'adresse à St-Gall, prière de contacter le groupe zurichois)
- Tavannes: Service de consultation conjugale et familiale de l'Église catholique, Rue de Tramelan 10, 2710 Tavannes, tél. 032/4812380.
- Vevey: Pro Familia, consultation conjugale, Centre Panorama, Rue du Clos 9, 1800 Vevey, tél. 021/9255319.
- Yverdon: Centre social régional Yverdon-Grandson, Consultation conjugale, juridique et sociale, 1400 Yverdon, tél. 024/4236900.
- Zurich: Auskunftsstelle "Ehen mit Ausländern", Abteilung des Kirchlichen Sozialdienstes, Klosbachstrasse 51, 8032 Zurich, tél. 01/2685010.
- Zurich: FIZ Fraueninformationszentrum, Badenerstr. 134, 8004 Zurich, tél. 01/2404422, fax 01/2404423.
- Zurich: IG Binational, Verein binationaler Partnerschaften und Familien, Postfach, 8021 Zürich, 01/3226777.

Bibliographie succincte

- Aldeeb Abu-Sahlieh, Sami A.: Les Musulmans en Occident entre droits et devoirs, L'Harmattan, Paris, 2002, 296 páginas.

- Aldeeb Abu-Sahlieh, Sami A.: Les musulmans face aux droits de l'homme: religion, droit et politique, Editeur: Winkler, P.O.B. 102665, 44726 Bochum, Allemagne, 1994, 610 páginas.

- Aldeeb, Sami et Bonomi, Andrea (éd.): Le droit musulman de la famille et des successions à l'épreuve des ordres juridiques occidentaux, Schulthess, Zürich, 1999, 353 páginas.

- Angehrn, Thomas et Weibel, Werner: Christlich-islamische Partnerschafter, Pastorale Handreichung der katholischen Kirche in der Schweiz, in Zusammenarbeit mit der Arbeitsgruppe Muslime der SKAF, Lucerne, 1999, 75 páginas.

- Angehrn, Thomas et Werner Weibel: Mariages islamo-chrétiens - Guide Pastoral de l'Église catholique en Suisse, édition romande: Alain René Arbez, en collaboration avec le groupe de travail "Musulmans" de la SKAF, Lucerne, Lucerne, 1999, 70 páginas.

- Barbara, A.: Mariages sans frontières, Centurion, Paris, 1985, 278 páginas.

- Billy, G.: Le Couple mixte, 1986, Carcassonne, chez l'auteur, 17 rue de Lorraine, 11000 Carcassonne.

- CEC & CCEE: Mariages entre chrétiens et musulmans - orientations pour les églises et les chrétiens en Europe, El Kalima, Bruxelles, 27/05/97, 43 páginas.

- Commission fédérale des étrangers: Mariages binationaux, 3000 Berne, 1998.

- Commissione federale degli stranieri: Matrimoni misti, 3003 Berna, 1998.

- Couples islamo-chrétien: promesse ou impasse, Editions du Soc, Lausanne, 107 páginas.

- Dejeux, J.: Image de l'étrangère - Unions mixtes franco-maghrébines (La Boite à Documents, Paris, 1989, 312 páginas.

- Dossier Mariages Islamo-Chrétiens, Accueil-Rencontre N°118 (1988) C.P.M., Paris.

- Eidgenössische Ausländerkommission: Binationale Ehen, 3003 Bern, 1998.

- Guide pastoral des mariages islamo-chrétiens, Centre d'œcuménisme, Montréal, 2001. 106 páginas.

- Manaf, Abdelouahed: Problèmes du couple mixte face au droit et à la société, cas franco-marocain, Casablanca, 1990, 215 páginas.

- Muller, M.: Couscous pommes frites - Le couple franco-maghrébin d'hier à aujourd'hui, Rebours, Ramsay, Paris, 1987, 255 páginas.

- Muslime und schweizerische Rechtsordnung / Les musulmans et l'ordre juridique suisse, Editions universitaires de Fribourg, Fribourg, 2002, 650 páginas.

- Musulmans en Suisse, Muslime in der Schweiz, Musulmani in Svizzera, Tangram, no 7, 1999, 126 páginas.
- Pastoral guidelines for Muslim-Christian marriages, Center for ecumenism, Montréal, 2001, 106 páginas.
- SRI: Dossier: Les mariages Islamo-chrétiens (3e version).
- Streiff-Fenart, Jocelyne: Les couples franco-maghrébins en France, L'Harmattan, Paris, 1989, 155 páginas.